엘돌란의 그림자들

서울특별시 서초구 서초대로74길 51 #1705
www.cympub.kr / 02-598-6394
ISBN 978-89-88060-37-7 정가: 13,000원
초판 2016년 1월 31일 / 발행인 김성일

1레벨 영웅들을 위한 제13시대 시나리오

칼 무어 저
김성일 편역

13th Age는 ©2014 Fire Opal Media 및 Pelgrane Press Ltd. 입니다. 이를 허락 하에 한국어로 번역한 제13시대는 ©2015 도서출판 초여명입니다. 전권 보유.
©2015 Dayspring Games (도서출판 초여명). Authorized translation of the English edition ©2014 Fire Opal Media / ©2014 Pelgrane Press Ltd. This translation is published and sold by permission of Pelgrane Press Ltd, the licensor of all rights to publish and sell the same.

제13시대는
롭 헤인소, 조나단 트위트, 리 모이어, 아론 맥코널
이 만든 판타지 RPG입니다.

©2014 Pelgrane Press Ltd. All rights reserved. Published by Pelgrane Press Ltd. under license from Fire Opal Media, Inc.
■ Product Identity: The following items are hereby identified as Product Identity, as defined in the Open Game License version 1.0a, Section 1(e), and are not Open Content: All trademarks, registered trademarks, proper names (characters, icons, place names, new deities, etc.), dialogue, banter and comments from Jonathan and Rob, plots, story elements, locations, characters, artwork, and trade dress. (Elements that have previously been designated as Open Game Content are not included in this declaration.) ■ Open Content: Except for material designated as Product Identity (see above), the game mechanics of this Pelgrane Press Ltd. game product are Open Game Content, as defined in the Open Gaming License version 1.0a Section 1(d). No portion of this work other than the material designated as Open Game Content may be reproduced in any form without written permission.
■ Shadows of Eldolan is published by Pelgrane Press under the Open Game License version 1.0a Copyright 2000 Wizards of the Coast, Inc. 13th Age is a trademark of Fire Opal Media, Inc. ©2014 Pelgrane Press Ltd. All rights reserved.

www.fireopalmedia.com   www.pelgranepress.com   www.cympub.kr

CREDITS

영문판 발행인
사이먼 로저스

삽화
조슈아 캘로웨이

추가 개발 및 디자인
롭 헤인소

영문판 발행 보조
카트리오나 토빈

지도 제작
파르 린스트롬

영문판 편집
칼 무어

저자
칼 무어

레이아웃
크리스 후스

한국어판 편역
김성일

미술 감독
칼 무어
카트리오나 토빈

한국어판 교정
김주현, 박나림

플레이테스트
켄달 용, 데렉 독터, 팀 그레이, 매트 라일리, 릴랜드 자바딜, 폴 베너, 크리스 페티, 스티브 홀트, 닐 윌리엄스, 매트 클라크,
니코데무스 시볼라, 안티 카너, 한나 제르비넨, 카트리 라실라, 미카 코베롤라, 토니 시보넨, 에란 아비람, 아비브 오르, 에비아타르
아미테이, 아사프 헤르쉬코, 하다스 엘베르-아비람, 티모시 베이커, 크리토퍼 프란시올리, 첼시 존슨, 리아논 풀린, 조 스트루프,
미첼, 로비, 알렉스, 더그 제이콥스, 조 스미스, 마크 웨들, 스티브 로빈슨, 리치 윌리엄스
이 시나리오를 13레벨까지 높일 수 있게 혜안을 제공한 롭 헤인소에게 감사드립니다.

OPEN GAME LICENSE Version 1.0a

The following text is the property of Wizards of the Coast, Inc. and is Copyright 2000 Wizards of the Coast, Inc ("Wizards"). All Rights Reserved.

1. Definitions: (a)"Contributors" means the copyright and/or trademark owners who have contributed Open Game Content; (b)"Derivative Material" means copyrighted material including derivative works and translations (including into other computer languages), potation, modification, correction, addition, extension, upgrade, improvement, compilation, abridgment or other form in which an existing work may be recast, transformed or adapted; (c) "Distribute" means to reproduce, license, rent, lease, sell, broadcast, publicly display, transmit or otherwise distribute; (d)"Open Game Content" means the game mechanic and includes the methods, procedures, processes and routines to the extent such content does not embody the Product Identity and is an enhancement over the prior art and any additional content clearly identified as Open Game Content by the Contributor, and means any work covered by this License, including translations and derivative works under copyright law, but specifically excludes Product Identity. (e) "Product Identity" means product and product line names, logos and identifying marks including trade dress; artifacts; creatures characters; stories, storylines, plots, thematic elements, dialogue, incidents, language, artwork, symbols, designs, depictions, likenesses, formats, poses, concepts, themes and graphic, photographic and other visual or audio representations; names and descriptions of characters, spells, enchantments, personalities, teams, personas, likenesses and special abilities; places, locations, environments, creatures, equipment, magical or supernatural abilities or effects, logos, symbols, or graphic designs; and any other trademark or registered trademark clearly identified as Product identity by the owner of the Product Identity, and which specifically excludes the Open Game Content; (f) "Trademark" means the logos, names, mark, sign, motto, designs that are used by a Contributor to identify itself or its products or the associated products contributed to the Open Game License by the Contributor (g) "Use", "Used" or "Using" means to use, Distribute, copy, edit, format, modify, translate and otherwise create Derivative Material of Open Game Content. (h) "You" or "Your" means the licensee in terms of this agreement.

2. The License: This License applies to any Open Game Content that contains a notice indicating that the Open Game Content may only be Used under and in terms of this License. You must affix such a notice to any Open Game Content that you Use. No terms may be added to or subtracted from this License except as described by the License itself. No other terms or conditions may be applied to any Open Game Content distributed using this License.

3. Offer and Acceptance: By Using the Open Game Content You indicate Your acceptance of the terms of this License.

4. Grant and Consideration: In consideration for agreeing to use this License, the Contributors grant You a perpetual, worldwide, royalty-free, non-exclusive license with the exact terms of this License to Use, the Open Game Content.

5. Representation of Authority to Contribute: If You are contributing original material as Open Game Content, You represent that Your Contributions are Your original creation and/or You have sufficient rights to grant the rights conveyed by this License.

6. Notice of License Copyright: You must update the COPYRIGHT NOTICE portion of this License to include the exact text of the COPYRIGHT NOTICE of any Open Game Content You are copying, modifying or distributing, and You must add the title, the copyright date, and the copyright holder's name to the COPYRIGHT NOTICE of any original Open Game Content you Distribute.

7. Use of Product Identity: You agree not to Use any Product Identity, including as an indication as to compatibility, except as expressly licensed in another, independent Agreement with the owner of each element of that Product Identity. You agree not to indicate compatibility or co-adaptability with any Trademark or Registered Trademark in conjunction with a work containing Open Game Content except as expressly licensed in another, independent Agreement with the owner of such Trademark or Registered Trademark. The use of any Product Identity in Open Game Content does not constitute a challenge to the ownership of that Product Identity. The owner of any Product Identity used in Open Game Content shall retain all rights, title and interest in and to that Product Identity.

8. Identification: If you distribute Open Game Content You must clearly indicate which portions of the work that you are distributing are Open Game Content.

9. Updating the License: Wizards or its designated Agents may publish updated versions of this License. You may use any authorized version of this License to copy, modify and distribute any Open Game Content originally distributed under any version of this License.

10 Copy of this License: You MUST include a copy of this License with every copy of the Open Game Content You Distribute.

11. Use of Contributor Credits: You may not market or advertise the Open Game Content using the name of any Contributor unless You have written permission from the Contributor to do so.

12 Inability to Comply: If it is impossible for You to comply with any of the terms of this License with respect to some or all of the Open Game Content due to statute, judicial order, or governmental regulation then You may not Use any Open Game Material so affected.

13 Termination: This License will terminate automatically if You fail to comply with all terms herein and fail to cure such breach within 30 days of becoming aware of the breach. All sublicenses shall survive the termination of this License.

14 Reformation: If any provision of this License is held to be unenforceable, such provision shall be reformed only to the extent necessary to make it enforceable.

15 COPYRIGHT NOTICE

Open Game License v 1.0a Copyright 2000, Wizards of the Coast, Inc.

System Reference Document. Copyright 2000, Wizards of the Coast, Inc; Authors Jonathan Tweet, Monte Cook, Skip Williams, based on material by E. Gary Gygax and Dave Arneson.

13th Age. Copyright 2013, Fire Opal Media, Inc.; Authors Rob Heinsoo, Jonathan Tweet, based on material by Jonathan Tweet, Monte Cook, and Skip Williams.

13th Age Bestiary. Copyright 2014, Fire Opal Media, Inc. and Pelgrane Press Ltd; Authors Ryven Cedrylle, Rob Heinsoo, Kenneth Hite, Kevin Kulp, ASH LAW, Cal Moore, Steve Townshend, Rob Watkins, Rob Wieland.

13 True Ways. Copyright 2014, Fire Opal Media, Inc.; Authors Rob Heinsoo, Jonathan Tweet, based on material by Jonathan Tweet, Monte Cook, and Skip Williams.

Shadows of Eldolan. Copyright 2014, Pelgrane Press Ltd.; Author Cal Moore.

Pathfinder RPG Core Rulebook. Copyright 2009, Paizo Publishing, LLC; Author: Jason Bulmahn, based on material by Jonathan Tweet, Monte Cook, and Skip Williams.

Castles & Crusades, Copyright 2004, Troll Lord Games; Authors: Davis Chenault, Mac Golden.

목 차

서문	4	
시나리오 개요	4	
엘돌란에서의 모험	7	
막이 오르고	12	
영웅이 할 일	15	
단서 추적	17	

단서 1: 엘사 화이트로즈, 평민 구역	18
단서 2: 아에르토와 시체들, 부두 구역	28
단서 3: 날씬한 롤로, 사원 구역	38
단서 4: 럼니의 친구, 안장 구역	42

놓친 단서들	48
점등사 길드	48
등잔공방	52
잊혀진 지식의 탐구회	59
NPC 수치	66
NPC 및 마법 물품 목록	71

서문

엘돌란의 그림자들은 제13시대의 입문용 시나리오입니다. 목적은 흥미로운 줄거리, 진행하기 쉽고 플레이어에게 재미있는 전투를 제공하면서, 표상 시스템을 비롯한 **제13시대**의 특징들을 살릴 수 있도록 튼튼한 이야기 요소를 마련하는 것입니다. 이 시나리오에는 대마도사의 도시 호라이즌 근처의 마을도 하나 설정되어 있습니다. PC들이 겪을 모험과 음모의 원천이 될 수 있을 것입니다.

제13시대 시나리오 치고, **엘돌란의 그림자들**은 직선적입니다. PC들의 한 가지 특별한 것과 출신 덕분에 캠페인에는 이미 다양한 이야기 소재와 문제들이 잠재해 있을 것입니다. 이상한 일들은 PC들로부터 끌어낼 수도 있는 것입니다. 그래서 엘돌란은 비교적 평범하게 설정했습니다. 다양한 구역들, 경쟁하는 마법학교들, 그리고 어떻게 좀 살아 보려고 애쓰는 NPC들을 찾아 볼 수 있습니다. 여러분의 캠페인에 독특한 면들이 있다면, 그것을 둘 자리는 충분합니다.

물론, 여기 나온 이야기 요소와 장소 설정은 어떤 RPG에도 어렵지 않게 적용할 수 있습니다. 즐겁게 하세요!

시나리오 개요

다음은 지금까지의 이야기, 그리고 모험 내용의 요약입니다. 그 다음에는 엘돌란에서 시나리오를 운영하는 것에 관한 조언이 나오고, p.12부터는 수치를 포함한 상세한 설명이 나옵니다.

어둠의 길

이야기는 어느 시체왕의 부하를 중심으로 하고 있고, 이 시나리오에는 그 표상과 관련된 적들이 주로 나옵니다. 언제나 그렇지만, PC들의 한 가지 특별한 것과 표상 관계를 기회가 되는 대로 이야기에 엮어 넣을 것을 권합니다. 다른 표상들은 몰래 시체왕의 부하들을 돕고 있을 수도 있고, 시체왕의 부하들을 저지하려는 사람들을 방해하려 할 수도 있습니다. 그 이유는 물론 표상마다 다를 것입니다.

이 이야기에서, 시체왕의 대리인은 마법사 가라도스 케스미르입니다. PC들과 시체왕과의 관계는 주로 이 사람과의 왕래에서 비롯될 것입니다. 가라도스는 반생반사와 마법의 어두운 비밀을 캐고 있고, 오직 시체왕만이 줄 수 있는 지식을 구하고 있습니다. 가라도스가 사는 곳은 엘돌란이라는 소도시입니다. 호주머니 만 해안에 위치한, 호라이즌 동북쪽으로 30km쯤 떨어진 곳의 항구 도시입니다. 이 지역의 마법사들이 상당수 그렇듯, 가라도스는 귀족이기도 합니다. 더불어 케스미르 가문은 엘돌란에서 점등사 길드를 조종하고 있습니다. 가라도스는 그 덕분에 상당한 재산과 권력이 있습니다.

가라도스가 미스릴 마법학교의 학생이었던 시절, 200년 전의 마법사 타를록의 일기를 발견했습니다. 타를록은 학교의 교수들이 금지하는 "어둠의 과목"을 연구했습니다. 가라도스는 마도왕 (현재의 시체왕)이 대마도사보다도 강력한 마법사였다는 것, 그리고 이제 이제 대마도사가 "흑마술"이라 부르는 지식의 대부분이 마도왕에 의해 곳곳에 숨겨졌다는 사실을 알게 되었습니다. 그 잃어버린 지식을 얻기 위해, 가라도스는 일기에 적힌 의식을 거행하여 해골 원숭이처럼 생긴 패밀리어 코스를 소환했습니다. 어둠으로의 타락은 그때 시작된 것입니다.

가라도스가 일기를 발견한지 25년이 지났습니다. 이제 가라도스는 가문의 수장이고, 엘돌란의 마법 가로등 관리 계약을 쥐고 있는 마법사들의 조직인 점등사 길드를 이끌고 있습니다. 이와 별도로 학교 구역에서 옛 학우 현인 라레데스와 함께 골동품점을 경영하고 있습니다. 라레데스는 가라도스의 비밀 생활에 대해 전혀 알지 못합니다. 지난 이십여 년 간, 가라도스는 힘을 쌓고 시체왕이 코스를 통해 가르쳐 준 비밀들을 익혀왔습니다.

충성의 대가

최근, 가라도스는 코스를 통해 자기 주인에게서 배운 지식, 그리고 가게에 들어온 흑마술서를 이용하여 특별한 프로젝트를 준비하고 있습니다. 시체를 엮어 붙여 사령 에너지로 움직이게 만드는 공식을 거의 완성한 상태입니다. 그러나 시체왕의 사령술사들은 가라도스에게 의식의 마지막 부분을 가르쳐 주기 위한 조건을 내걸었습니다. 시체왕에 대한 충성을 공공연히 드러내야 한다는 것입니다 (이것은 가라도스에게 자기가 누구의 부하인지를 상기시키려는 목적도 있습니다). 구체적으로는, 그 동안 가라도스와 자기들이 만든 언데드를 시내에 풀어 놓아 "죽음이 항상 기다리고 있다는 것을 그놈들에게 알려 주라"고 명령했습니다. 그 와중에 주민 몇 명의 영혼을 암흑으로 보낼 수 있다면 그것도 고마운 덤입니다.

가라도스는 엘돌란의 마법사 회의에 자리를 얻는 데 집중하기 때문에 이 요청에 응답할 준비가 되어 있지 않았지만, 의식의 마지막 부분을 얻기 위해 (그리고 시체왕의 분노를 사지 않기 위해) 지난 몇 주 동안 시체왕을 위한 쇼를 준비했습니다. 지난 10년에 걸쳐 가라도스가 엘돌란과 점등사 길드의 곳곳에 배치한 시체왕 숭배자들인 잊혀진 지식의 탐구회도 이 작업에 참가했습니다.

주인의 명령에 응답하기 위해, 가라도스는 엘돌란의 주요 광장 중 한 곳에서 매우 공공연한 공격을 계획했습니다. 대상은 경비병들, 그리고 시체왕의 경쟁 표상입니다. 이로써 주민들에게,

시나리오 개요

시체왕과 긍정적인 표상 관계를 가진 PC를 다루는 법

시체왕과 긍정적인 관계를 가진 PC가 가라도스의 목표 달성을 도와야만 하는 것은 아닙니다 (어차피 처음에는 알지도 못할 것입니다). 시체왕의 하수인들 사이에는 경쟁이 치열합니다. 어쩌면 가라도스의 지식을 PC가 자기 것으로 만들고 싶을 수도 있고, 시체왕의 부관들이 광장 습격의 방식에 불만을 갖고 있을 수도 있습니다 ("호박 사건"). 아니면 PC에게 탐구회를 끝장낼 다른 이유가 있을 수도 있습니다. 가라도스를 직접 조종하고 있는 자가 시체왕의 부하이기는 하지만 PC와 다른 파벌일 수도 있습니다. 가라도스와 탐구회를 통해 시체왕이 관련되어 있다는 사실이 드러나면, 그 PC의 플레이어와 따로 협의해서, 이야기에 맞는 해결책을 함께 생각하십시오.

마법 보호진과 높은 벽이 있다 해도 죽음은 언제나 찾아올 수 있음을 일깨울 생각입니다. 이 공격에는 또 다른 목적도 있습니다. 신선한 시체를 더 얻는다는 것입니다. 그러면 의식의 마지막 부분을 얻었을 때 프로젝트를 완성할 수 있을 것입니다. 그래서 가라도스가 준비한 것은 . . .

좀비들의 습격!

가라도스와 그 동료들이 호객 광장에 좀비들을 풀어 놓으면서 액션이 시작됩니다. 이 끔찍한 스펙터클에 옥의 티가 있다면, 좀비 하나가 호박이 가득한 수레에 숨겨져 있었다는 것입니다. 언데드들은 주민들을 공격하고, 그 중에서도 엘돌란의 경비병들인 은방패대, 그리고 PC들과 만나게 되어 있는 표상의 대리인을 공격합니다. 모험가들이 좀비를 격퇴하면, 공무원들과 마법사들이 나타나 무슨 일인지 조사합니다.

은방패대의 경비병들은 안 그래도 맡은 일이 많은데 자기들이 목표가 되었다는 것을 깨닫고는 추가적인 공격에 대비하여 방어 태세에 들어갑니다. 은방패대의 주된 임무는 치안 유지, 그리고 마법학교에서 마법사들이 벌인 실수의 뒷처리입니다. 이런 위험에는 대처할 준비가 되어 있지 않습니다.

표상의 대리인은 은방패대가 도움이 되지 않을 것임을, 그리고 도시의 정파들과 학교들 사이의 경쟁 때문에 수사가 제대로 이루어지지 않을 것임을 깨닫습니다. 그래서 PC들에게 이 공격의 배후에 누가 있는지, 그리고 왜 그 표상의 권위에 도전하고 있는지를 알아내 달라고 요청합니다. 가능하면 범인을 찾고 문제를 해결해 달라고도 합니다.

단서 찾기

주인공들은 엘돌란의 구역들을 돌며 범인을 찾는 와중에, 필요한 정보를 가진 NPC들을 만나고 잊혀진 지식의 탐구회와 싸워 나가게 됩니다. 그 밖에도 주인공들의 실패를 원하는 자들이 있고, 은방패대가 방어 태세에 들어가자 간이 커진 자들도 있습니다. 단서 하나는 PC들을 약간 샛길로 유도하여, 부두에 있는 악귀술사 사교도들과 마주치게 합니다. 다른 단서는 PC들을 사원 구역의 납골당인 망자의 금고로 인도하여 가라도스의 부하인 사제와 싸우게 만듭니다. 또 다른 단서는 PC들을 안장 구역의 드워프 양조장에 가게 만듭니다. 여기에는 탐구회 몇 명이 숨어 있습니다. 어떤 단서는 대사제의 부하가 빈민구제소를 운영하는 평민 구역으로 이어지고, 여기서 PC들은 탐구회와 연줄이 있는 꿈팔이라는 신흥 마약상과 만나게 됩니다. 이 시나리오에 나와 있지 않은 단서도 마스터가 원하면 만들 수 있습니다.

주인공들은 수사를 하면서 잊혀진 지식의 탐구회를 발견하게 되고, 결국은 안장 구역에 있는 점등사 길드 본부, 일명 등잔공방에 찾아가게 됩니다. 탐구회는 길드에 아주 잘 숨어 있기 때문에, 수사 초기에는 진짜 정보가 거의 나오지 않을 수도 있습니다. 학교 구역에서 골동품점을 운영한다는 길드장 가라도스에 대해서도 여기서 알게 될지 모릅니다. 가라도스는 처음 만났을 때 방어적으로 나오지만, 조직 내에 악의 세력이 있다면 척결을 돕겠다고 약속합니다. 가라도스를 범인으로 지목할 증거는 아직 없을 것입니다. 가라도스나 그 부하는 모험가들이 탐구회의 계획을 방해하거나 망칠 수 있다는 것을 깨닫고, 살아있는 자와 언데드들을 함께 이용하여 습격을 감행합니다.

결국 주인공들은 등잔공방에 탐구회의 지도자 아를리사 덴트라는 자가 있다는 것을 알게 됩니다. PC들이 아를리사와 그 동료들을 물리치면, 아를리사가 탐구회의 리더가 아니라는 사실을 밝히는 편지가 발견됩니다. 공격을 벌인 것은 가라도스였던 것입니다.

가라도스와 탐구회에 관한 증거는 쌓여갈 것입니다. 골동품점으로 돌아가면 가라도스는 자취를 감추었지만, 동업자인 라레데스는 남아 있습니다. 라레데스와 잘 대화하면, 가라도스의 은신처를 가르쳐 줄 것입니다.

최후의 대결

라레데스의 도움, 표상 관계, 탐구회 회원들에 대한 심문, 그 밖의 다른 수단을 통해, PC들은 가라도스의 은신처를 발견합니다. 은신처는 학교 구역의 골동품점, 사원 구역의 망자의 금고, 평민 구역의 빈민구제소 근처 작은 광장과 터널로 이어져 있습니다. PC들은 덫을 피하고 파수꾼과 싸우며 터널을 지나 은신처에 도달합니다. 이곳에는 가라도스와 친구들이, 그리고 가라도스 최대의 걸작인 살덩이 골렘이 거의 완성된 상태로 기다리고 있습니다.

제13시대 - 엘돌란의 그림자들

좀비 공격까지의 경위

좀비 공격이 일어날 때까지 일이 어떻게 되었는지, 탐구회는 어떻게 관련되었는지 일이 일어난 순서대로 나열했습니다. 마스터가 큰 그림을 이해하는 데 도움이 될 것입니다.

- 가라도스가 타를록의 일기를 발견하고 패밀리어 코스를 소환합니다. 그리고 시체왕의 부하가 됩니다.
- 가라도스가 점등사 길드의 지배권을 물려받고, 잊혀진 지식의 탐구회를 설립합니다.
- 가라도스의 부하들이 도시 곳곳의 조직과 공직에 자리를 잡습니다. 특히 점등사 길드에 많이 갑니다.
- 가라도스가 살덩이 골렘을 만드는 흑마술 의식의 책을 발견하고, 시체를 모으기 시작합니다. 시체왕의 측근들은 가라도스에게 복종의 증거를 보여야만 의식의 마지막 부분을 가르쳐주겠다고 합니다. 가라도스는 아를리사 덴트에게 지시를 내리고, 아를리사는 부하들에게 명령을 전달합니다.
- 좀비 공격을 위해 시체가 필요하게 된 가라도스는 아에르토에게 일을 더 하라고 지시합니다. 파울로스와 지그문트에게도 평민 구역에서 노숙자를 더 적극적으로 납치해 오라고 명령합니다.
- 거사 이틀 전, 그레이슨과 잘렌이 파자리우스 레인에서 수레를 사서 양조장에 숨겨 놓습니다.
- 거사 전날 밤, 지그문트와 파울로스가 연구실의 좀비들을 광장 가장자리로 데려다 놓습니다. 좀비들에게는 후드 달린 로브를 입혀 위장합니다. 좀비들을 하수도의 빗물받이 방에 숨겨 놓습니다. 탐구회의 점등사들은 아를리사의 명령에 따라, 좀비 은닉 작업이 끝날 때까지 광장의 가로등을 꺼 놓습니다.
- 거사 당일, 지그문트와 파울로스는 좀비 다섯을 광장의 북동쪽 입구에 데려다 놓습니다. 이때에도 로브로 위장을 합니다. 광장의 은방패들이 가까이 왔을 때 좀비들을 보내어 공격의 막을 올립니다.
- 거사 당일, 그레이슨과 잘렌은 수레를 광장으로 옮겨 놓습니다. 호박이 가득 차 있고, 좀비도 하나 더 들어 있습니다. 잘렌은 재미있다고 생각해서 머리에 호박을 씌워 놓습니다. 수레를 자리에 놓고, 비명소리가 들리자마자 뒤집습니다. 그레이슨은 좀비가 공격하게 만드는 주문을 PC들과 만날 표상의 대리인에게 걸고, 둘은 광장에서 도망칩니다.
- 좀비들이 공격합니다!

이 시나리오는 어떤 시나리오인가?

제13시대 시나리오는 이국적인 장소와 장대한 마법적 사건이 일어나는, 이른바 "하이판타지"에 분류될 만한 것들이 많습니다. 그러나 이 시나리오는 좀 얌전합니다. 그래도 마법적인 사건, 상황, 적들은 많이 나오지만, 이곳은 도회지이고 PC들은 모험 경력을 막 시작하는 PC들입니다. 따라서 그 배경에서 초보 영웅들이 겪을 만한 적들이 나오게 됩니다 (비록 시체왕의 손길이 닿아 있지만). 그러나 팀에서 원한다면 하이판타지적인 요소를 더 넣고 강조해도 문제 없습니다.

PC들이 만나는 적들은 표상 관계에 따른 옵션 없이 한 가지로만 나타나 있습니다. 그러나 PC들과 표상 관계에 맞도록 분위기나 수치를 바꾸어도 괜찮습니다. 지면을 절약하기 위해, 여러 옵션을 나열하지는 않았습니다. 그러나 마스터가 팀에 맞게 적들을 조정하는 것은 그리 어렵지 않습니다.

이 시나리오는 엘돌란의 한 측면을 그리고 있습니다. 그러나 이것만이 정답은 아닙니다. 역시 마스터가 원하는 대로 바꾸어도 좋고, 플레이어들에게 장소와 구역들을 묘사하게 하고 그것을 플레이에 반영해도 됩니다. 단지 나중에 돌아왔을 때 묘사의 일관성이 있기만 하면 됩니다.

엘돌란에서의 모험

PC들이 좀비 습격에 관한 단서를 얻어가는 와중에, 엘돌란의 거의 어떤 구역도 방문하게 될 수 있습니다. 각 구역에는 기본적인 묘사가 있지만, 원하는 대로 채워 넣어도 좋습니다. 엘돌란은 영웅으로 자라나는 PC들의 "근거지"가 될 수도 있을 것입니다.

엘돌란은 호라이즌에 가깝기 때문에 대마도사 휘하의 마법사 및 마법 기관들의 네트워크와 밀접한 관련이 있습니다. 그래서 시내에서도 마법을 흔히 볼 수 있습니다. 그러나 다른 표상들도 이곳에 영향력이 있을 수 있습니다. PC들에 맞추어 크게든 작게든 설정하십시오. 엘돌란은 플레이의 필요에 따라 어떤 분위기도 가질 수 있지만, 마법이 시민들의 일상생활에 영향이 있다는 느낌은 나게 하십시오.

다음은 엘돌란에 마법적인 느낌을 주기 위해 시나리오 내내 심어 놓을 만한 묘사들입니다:

- 해가 질 무렵, 점등사 길드 마법사들이 곳곳을 돌며 가로등에 불을 붙인다.
- 기묘하게 생긴 건물들. 보호진이 펼쳐져 있고, 대마도사의 기후 조절 시스템에 연결되어 있다.
- 마법 보호진으로 보호되고 있는 성문, 구역간의 벽, 개인 주택 등등.
- 길거리 마법 공연 (마법 불꽃놀이, 그림자 인형극 등).
- 호라이즌의 공중탑에서 때때로 터져나오는 불빛이 드리우는 마법적인 그림자들.
- 도시 곳곳을 날아다니며 편지를 전달하는 마법 정령들.

지리와 시가지의 구조

엘돌란은 호라이즌의 북동쪽으로 30km 떨어진 곳에 있습니다. 호주머니 만의 해안이고, 마치 말안장의 솟은 가장자리처럼 생긴 산등성이 둘 사이에 자리잡고 있습니다. 북쪽과 남쪽으로는 평평합니다. 북쪽에는 항구가 있고, "부두 구역"이라고 불립니다. 남쪽 끝에는 도시의 동쪽 가장자리를 따라 작은 사원 구역이 있습니다. 시민들은 신들과 사제들에게 상담을 할 때, 그리고 납골당인 망자의 금고를 방문할 때 이곳에 옵니다. 서쪽으로는 훨씬 큰 평민 구역이 있습니다. 이곳에서는 상공인과 노동자들이 일하고 거주합니다.

동쪽 산등성이의 해발 백 미터 정도 되는 곳에는 마법학교 건물들이 있습니다 (학교 구역이라고 합니다). 이 구역의 건물들은 산자락을 따라 도시 전체를 내려다 봅니다. 높은 벽이 있어서 다른 구역들과 구별됩니다. 학교 구역의 뒷면은 바다로 이어진 절벽입니다. 서쪽 산등성이에는 학교 구역보다 약간 낮은 고도에 마법사 회의와 그 밖의 정부 건물들이 있습니다 (관청 구역이라고 합니다). 도시 중심부는 안장 구역이라고 불리며, 고급 상점과 그 밖의 산업이 자리하고 있습니다.

울러 강이라는 작은 강이 평민 구역의 담장 밑으로 흘러 들어와 안장 구역의 지하를 지나고, 부두 구역에서 다시 드러나 호주머니 만의 바다로 들어갑니다.

각 구역의 설명은 시나리오의 해당 부분에 설명되어 있습니다. 관청 구역은 마스터가 일부러 PC들을 보내지 않는 한 갈 일이 없습니다. 그러니 여기 설명하겠습니다.

관청 구역

엘돌란의 서쪽 가장자리 높은 곳에 있습니다. 서쪽으로는 바다를, 동쪽으로는 안장 구역을 내려다 봅니다. 관청 구역은 엘돌란의 통치가 이루어지는 곳입니다. 반대쪽의 학교 구역에 비해서는 작지만, 담장을 지나 안으로 통하는 성문은 그에 못지 않게 잘 지켜집니다. 도시를 다스리는 귀족, 마법사, 관리들만이 (그리고 가끔은 유력한 상인 정도가) 이곳에 출입합니다. 이곳은 도시의 법정이 있는 곳이기도 합니다. 지하에는 작은 지하감옥이 있어, 유명한 범죄자들을 이곳에 가둡니다 (평범한 죄수들은 평민 구역의 은방패대 감옥에 갇힙니다). 관청 구역에는 대마도사의 부하들이 잔뜩 있고, 제국이 임명한 시장 (알라니스 아르바네트)을 위해 제국군도 주둔하고 있습니다 (그러나 시장은 마법사 회의에 비하면 권력이 거의 없습니다). 정부 건물에는 수많은 보호진이 펼쳐져 있고, 일반 경비병도 마법 경비병도 많아 어지간한 문제는 일어나지 않습니다. 적절한 한 가지 특별한 것을 갖고 있거나, 표상 관계를 사용하거나, 대량의 뇌물을 주지 않으면 관청 구역에 PC가 들어가기는 어려울 것입니다 (난이도 20 기능 판정).

통치와 법률

호라이즌이 그렇듯, 엘돌란에서는 마법과 마법적 재능이 사람의 신분을 결정합니다. 귀족들은 대부분 마법사이고, 장인들조차도 마법적 솜씨가 약간은 있습니다. 이 마을을 지배하는 것은 정치적 연줄이 풍부한 마법사 다섯 명으로 이루어진 마법사 회의입니다 (다음 공석을 채울 후보 중에 가라도스도 있습니다). 중대한 결정은 이들이 다 합니다. 모두 대마도사와 긴밀하게 연관된 사람들입니다. 아쉽게도, 마법사 회의도 그 휘하의 관리들도 실제로 하는 일이 별로 없습니다. 자기들끼리 사소한 일로 다투느라 바쁘기 때문입니다. 여기에 출신 학파의 차이도 더해져, 도시의 문제를 해결하기보다는 서로 공격하고 앙갚음하는 데 시간을 더 많이 씁니다. 연고주의와 족벌주의가 만연해 있어, 엘돌란은 변하는 것이 없습니다. 이 도시에서는 뭔가를 하려면 자기 손으로 해야 하는 경우가 많습니다.

엘돌란

주머니 만

150 300 450 600 750 m

부두 구역 · 교정
관청 구역 · 학교 구역
안장 구역
사원 구역
평민 구역
토끼굴

엘돌란에도 제국법이 적용됩니다 (구체적인 내용은 캠페인마다 다를 것입니다). 그러나 은방패대의 역량이 제한되어 있기 때문에, 관청, 사원, 학교, 안장 구역을 제외하면 적용이 허술합니다. 다른 곳에서는 불법으로 여겨질 마법적 사고 등은 눈감아 주는 경우가 많습니다. 분쟁을 법정에 가져가고 싶지 않은 사람들이 마법사에게 부탁하여 대리 결투를 시키기도 합니다. 이런 결투에서는 사망자도 나옵니다. 방어를 신경쓰지 않을 경우 양자가 모두 죽는 일도 간혹 일어납니다.

좀비 공격 뒤로는 은방패대가 몸을 사리기 때문에, 엘돌란은 평소보다 위험한 곳이 되어 있습니다. 은방패대는 시장과 부유한 구역들에 대한 낮 시간 순찰을 늘리지만, 밤 시간, 그리고 가난한 구역의 순찰은 오히려 줄입니다 (해가 지면 평민 구역과 부두 구역에서 인원을 아예 전부 철수시킵니다).

어떤 이유로든 PC들이 은방패대와 싸우게 될 경우를 대비하여 경비관과 경비병들의 수치를 NPC 수치 (p.66)에 두었습니다.

마법 학파들

엘돌란의 학교 구역에는 마법 학파가 셋 있습니다. 이들은 마법의 이론과 사용에 관해 각자 독특한 견해를 갖고 있고, 서로를 깔보는 경향이 있습니다. 그래서 학파들 사이에 경쟁 관계가 있고, 덕분에 학생들 사이에 마법적인 장난을 치거나 대놓고 충돌이 벌어지는 일이 있습니다. 이런 문제는 마법사들 내부에서 해결하지만, 은방패대나 도시의 지도자들을 불러서 중재를 해야 하는 경우도 있습니다. 재산 피해가 일어난 경우 특히 그렇습니다. 이것은 엘돌란 사람들이 겪는 어려움 중 하나이고, PC들의 수사에 방해가 될 만한 요소이기도 합니다.

학파 하나하나는 독립된 조직이지만, 학교 구역의 도서관, 교실, 자습실 등은 모두가 공유합니다 (교수는 학파마다 있습니다). 각 학파는 석좌 교수가 이끌고 있지만, 이 셋을 모두 관리하는 총장이 있습니다. 모든 사안에서 객관적이어야 하지만, 그런 일은 별로 없습니다. 총장도 세 학파 중 하나에서 나오기 때문입니다 (신비의 지배자들 출신의 인간 마법사 **토비아스 롱섀도우**가 현재 재임 중입니다).

학생들은 학교에 재적하는 동안 자기 학파의 로브를 입게 되어 있습니다 (색깔과 디자인은 다양합니다). 교수들도 비슷한 로브를 입지만 장식이 더 많습니다. 졸업생들도 자기 학파의 로브를 계속 입는 경우가 많기 때문에, "마법사 로브"는 엘돌란에서 아주 흔한 복장입니다 (그리고 입은 로브만으로는 학파마저 확실히 판별할 수 없습니다. 경쟁 학파의 로브를 훔쳐 입는 것도 흔히 사용되는 수법이기 때문입니다).

다음은 엘돌란의 세 마법 학파들입니다:

신비의 지배자들

주로 하이엘프와 하프엘프로 구성되어 있지만 인간도 몇 명 끼어 있습니다. 신비의 지배자들은 큰 소음과 대량의 파괴를 일으키는 장대한 의식과 화려한 주문을 연마하는 데 집중합니다. 기하학적 룬이 은색 자수로 들어간 푸른 로브를 입으며, 문장은 은색 번개입니다. 석좌 교수는 하이엘프 마법사 **샤리사 다크볼트**입니다.

미스릴

주로 인간 마법사들로 되어 있지만, 하프엘프와 드워프들도 좀 있습니다. 이들은 마법용품, 물약, 기름, 룬과 같이 마법을 깃들일 수 있는 물품을 만드는 것이 장기이고, 다른 학파들보다 마법 장비에 더 의존합니다. 기계의 도안과 룬이 금색 자수로 들어간 어두운 은색 로브를 입습니다. 이들의 상징은 미스릴 톱니바퀴입니다. 늙은 인간 마법사 **코니가르 울손**이 석좌 교수를 맡고 있습니다.

숨겨진 장막의 도학자들

이 학파에는 노움, 하플링, 엘프 (대부분 드라우), 인간 등, 다양한 종족들이 섞여 있습니다. 이들은 은밀행동과 속임수의 마법을 연구하고, 환상에 초점을 둡니다. 은근하지만 강력한 의식에도 조예가 깊습니다. 어떤 사람들은 도학자들이 마법의 장막 저편의 다른 세계를 찾고 있다고 합니다. 검은 자수가 놓인 거미줄 색깔의 회색 로브를 입습니다. 이들의 상징은 감은 눈입니다. 노움 마법사이자 환상술사인 **교활한 자를린**이 이 학파의 석좌 교수입니다.

마법사들의 결투에 끼어들기

플레이어들의 주의를 끌기 위한 사건이나 전투가 필요하면, 두 학파의 마법사들 (어쩌면 세 학파)이 마법 결투를 하는 현장 한가운데에 떨어뜨리는 것도 생각해 보십시오. 은방패대의 순찰이 뜸해지자 옛 원한이 고개를 드는 것일 수도 있습니다.

PC들이 골목에 접어들거나 광장에 들어가자 라이벌 학파의 마법사들이 서로 결투를 벌이는 것을 보게 됩니다. PC들이 싸움을 말릴 수도 있고, 막 결투를 개시한 마법사가 PC들을 상대편으로 오인하고 공격해서 맞서 싸우거나 도망쳐야 할 수 있을 것입니다. 학생과 교수의 수치는 p.67~68에 있습니다.

물론 PC들이 어느 한 쪽을 도와주면 즉시 친구와 적이 한꺼번에 생기는 셈입니다. 마스터는 시나리오 내내 그 반향을 이용할 수 있을 것입니다.

제13시대 - 엘돌란의 그림자들

시민들

엘돌란에는 다양한 종족들이 살지만 인간이 다수입니다. 마법 학파들은 종족을 거의 가리지 않고 받으며, 그 중에서는 하이엘프가 가장 흔합니다. 항구 도시이기 때문에 부두 구역에 가면 하플링 선원과 건달들을 얼마든지 볼 수 있습니다. 배에서 짐을 내리는 드워프 노동자들도 소수이지만 있습니다. 하프엘프들은 그보다 적으며, 주로 주점과 여관을 경영하거나 그런 업소에서 악사로 일합니다. 귀족과 상인의 경호원을 제외하면 하프오크는 그보다 적습니다. 다른 종족들은 드물지만, 그래도 도시 곳곳에서 찾아 볼 수 있습니다.

상품과 서비스

호라이즌에서 가까운 마법사들의 도시 엘돌란에는 온갖 기이한 물건들이 들어옵니다. 마법 관련 재료나 간단한 마법적인 물건들은 안장 및 학교 구역에서 찾을 수 있습니다. 이곳은 항구도시이기도 하기 때문에, 내륙해의 다른 항구로부터 온갖 상품들이 수입됩니다. 마법 학파들에서 수요가 있기 때문에, 희귀한 골동품들, 신기한 물건들, 강력한 마법 물품들이 상인과 여행자들의 손에 들려 엘돌란에 옵니다. 그림자 대공의 부하들은 이런 물건들을 사고 파는 암시장을 운영하고 있는데, 마법사 회의는 이를 백안시하지만 실제로 조치를 취하지는 않습니다. 엘돌란에 없는 물건은 호라이즌에서 배달시킬 수도 있을 것입니다 (값만 맞으면).

이 마을의 가게들과 장인들은 **코어북**에 나온 모든 평범한 물건을 다 취급합니다. 더불어, 사소한 마법이 걸린 다음과 같은 특별한 물건들도 구입할 수 있습니다 (주로 안장 구역의 미스릴 출신 장인들이 팝니다). 물건들을 더 추가해도 좋습니다. PC들에게 크고 직접적인 이익을 주지만 마십시오.

물품	가격
벌레 폭탄 (해충을 쫓아냅니다)	2gp
확장 용기 (같은 크기의 용기보다 4배 더 담을 수 있습니다)	30~500gp
축제 양초 (공중에 부양하는 양초. 다 타면 마법도 끝납니다)	개당 5gp
쇠부적 (은 못에 거는 무쇠 부적. 요정과 귀신을 쫓습니다)	20gp
자석 나침반 (동쪽, 북쪽 등, 지정한 방향을 어디든 가리킵니다)	25gp
밝은 (뜨거운) 등잔 기름, 0.5리터	4gp
마법 폭죽: 하늘불꽃, 딱딱이, 연기 괴물, 비명폭죽	개당 5gp

엘돌란의 다른 문제들

엘돌란이 직면한 가장 큰 문제는 아마도 좀비 습격이 되겠지만, 이곳은 정적인 곳이 아닙니다. 다른 문제도 많이 있습니다. PC의 이야기에 들어맞는다면, 다음의 가능성을 섞어 넣어도 좋습니다. 하지만 곁가지가 너무 많지는 않게 하십시오. 압박감을 유지할 수 있고, 은방패대가 처리할 일이 많아 힘에 부친다는 느낌을 주는 데에는 하나나 둘 정도로 족합니다. 거꾸로, PC들이 수사를 빠르게 진행하고 있으면 이런 서브플롯으로 마스터가 주된 줄거리를 어떻게 할지 생각할 시간을 벌 수 있습니다. 아래에 나온 세 가지 서브플롯에 사용되는 수치는 책의 끝에 나와 있습니다 (p.66).

- 신비의 지배자들 소속 마법사가 실험에 실패하여 마을 하수도에 황토 젤리가 돌아다니게 되었습니다. 학파에서는 이 문제를 자기들끼리 은밀하게 해결하려 하고 있지만, 아직까지 괴물을 발견하지 못했습니다. 좋은 점은 이제 하수도에 쥐가 없어졌다는 것입니다. 나쁜 점은 이제 길거리에 쥐가 넘쳐 난다는 것입니다. (P.68~69)
- 부두 구역의 악귀술사 숭배자들이 소악귀를 소환해서 풀어 놓았습니다. 소악귀는 어느 배의 선장과 선원들을 조종하여 문제를 일으키게 만들고 있습니다. 마스터가 원하면 은방패대가 이 소악귀를 잡는 데 힘에 부쳐 PC들을 돕지 못하고 있다고 할 수도 있습니다. (P.69)
- 동쪽에 있는 고로간의 입에 악귀를 섬기는 놀 약탈자들이 대거 모여 있다는 소문에, 이 지역에 투장과 황금거룡의 타격대들이 많이 와 있습니다. 이들 사이에 마찰이 많이 일어나고 있습니다. 이 두 집단은 PC들에게 예기치 않은 도움을 줄 수도 있고 (표상 관계 판정을 통해), "누가 진짜 수호자냐"를 따지는 영역 싸움에 PC들을 말려들 게 할 수도 있습니다. (P.70)

표상과의 관계

엘돌란에도 표상과 관계가 없는 사람은 많습니다. 그러나 표상과 관련이 있는 사람들이 훨씬 더 많습니다. 도시의 위치상, 그 중에서도 대마도사 관계자가 많습니다. 황제, 대사제, 그림자 대공도 이 도시의 여러 면모에 영향을 미치고 있습니다. 다른 표상들은 이만큼 두드러지지는 않겠지만, 이야기에 엮어 넣기는 어렵지 않습니다.

PC가 표상과의 관계를 만드는 능력이나 효과를 사용한 경우, 현재의 줄거리를 조정해서 새로운 관계를 반영해도 좋습니다. 예를 들어 음유시인이 그림자 대공에 대해 송가를 사용했는데 관계 판정에 5가 나왔다고 합시다. 그러면 지금까지 주인공들이 싸웠던 깡패들은 사실 삼두회의 부하가 일행을 방해하여 그림자 대공의 계획을 저지할 생각으로 보낸 것이거나, 그림자 대공의 조직에서 유출된 물건을 PC들로부터 되찾으려고 하고 있는 것이라고 설정을 붙일 수 있습니다. 꼭 PC들과 관계 있는 이야기로 하십시오!

좀비 공격 후에 이야기를 움직이게 만드는 표상 판정을 비롯하여, 표상 관계를 플레이어들이 유리하게 쓸 방법에 관한 제안들을 이 시나리오에 두었습니다. "표상들의 관계" 박스들에는 PC들이 엘돌란의 각 구역에서 겪을 법한 이야기들도 나와 있습니다. **코어북**에 나와 있는 표상 관계의 용법들도 물론 적용할 수 있습니다. 세션 초입의 표상 관계 판정을 참고해서 그날의 플레이에서 어떤 일이 일어날지 정하는 기법은 특히 유용할 것입니다.

주인공들에 관한 전제

이 책에 나온 전투들은 PC가 다섯 명임을 전제로 하고 있습니다. 전투마다 PC가 4명이거나 6명일 경우를 대비하여 조정하는 방법을 두었습니다. 그보다 수가 적거나 많으면 **제13시대 코어북**을 사용하여 마스터가 조정하십시오. 한편 전리품은 PC들의 수에 따른 내역을 따로 두지 않았습니다. 이쪽은 원하는 대로 조정하면 됩니다.

PC들이 어느 순서로 수사를 진행할지 알 수 없기 때문에, 어느 지점에서 완전 휴식을 하게 되는지 표시되어 있지 않습니다. **코어북**에서는 전투 4회마다 한 번씩 완전 휴식을 제공하는 것을 권하고 있지만, 여기서는 PC들이 심각하게 약체가 아닌 한 각 단서의 마지막 전투 직전에 완전 휴식을 주지 않을 것을 권합니다. 완전 휴식은 싸움이 끝난 후에 하게 하십시오. 시나리오 끝에 가라도스와 싸울 때는 일일 주문/능력과 원기가 몇 개 정도는 남아 있어야 할 것입니다.

점진적 성장 룰을 사용하여 PC들의 능력이 세션과 세션 사이에 강화되고 있다면, 시나리오 후반부의 난이도를 좀 높이는 것이 좋을 수도 있습니다. 조무래기를 몇 명 늘리거나, 이름 없는 일반 적을 하나 추가하는 정도면 적절합니다. 이 시나리오의 단서들에 등장하는 전투는 모두 시작하는 1레벨 모험가 집단을 기준으로 맞추어져 있습니다.

제13시대 - 엘돌란의 그림자들

막이 오르고

[이 세션에서는 PC들이 표상 관계 판정을 처음에 굴리게 하지 말고, 좀비와의 싸움이 끝난 뒤에 하게 하십시오. 다음 세션부터는 코어북의 룰에 따라 세션이 시작될 때 표상 관계 판정을 하면 됩니다.]

모험을 시작하기 전, PC들 중 다수가 관계를 갖고 있는 선하거나 모호한 표상을 하나 선택합니다. PC들이 엘돌란에 온 것은 그 표상의 대리인과 만나기 위해서입니다. 이유는 다양합니다. 그 표상과 어떤 용무가 있어서 엘돌란에 오게 되었는지 각 플레이어가 설명하게 하십시오. 표상 관계가 없는 PC여도 이 사람을 만날 이유를 댑니다. 이런 설명들은 PC들이 도시에서 겪는 일들에 엮어 넣을 수도 있고, 표상의 대리인이 PC들에게 도움을 청하는 근거가 될 수도 있습니다.

PC들은 호객 광장에 있습니다. 정문에서 멀지 않은, 평민 구역에서 가장 큰 광장입니다. 물건을 사고 파는 사람들, 다른 곳으로 가려고 지나치는 사람들로 가득합니다. 광장의 중앙과 가장자리에는 온갖 상품과 음식을 파는 천막과 가건물이 서 있습니다. 길가에서 담요를 깔거나 탁상을 놓고 물건을 파는 사람도 많습니다. 선택된 표상에 맞는다면, PC들과 만날 대리인은 귀족 가문의 구매 담당자 행세를 하고 있을 수도 있습니다. PC들이 대리인이 있는 곳으로 이동하고 있는 도중에 일이 벌어집니다.

어떤 표상을 선택했느냐에 따라 만나게 될 NPC도 달라집니다. 대리인에게는 개인적 특징이 조금씩 있습니다. PC들이 조금만 특이해도 덥석 무는 스타일이면 조심해서 사용하십시오.

- **그림자 대공**: 쌍흉터 조리스타, 남자 다크엘프. 소문에 따르면 조리스타의 아버지는 대공과 엘프 여왕 사이에 거래를 중재하고 있다고 합니다.
- **대마도사**: 자두, 마법 정령. 지성이 있고, 자유롭게 해준다는 약속을 받았음에도 불구하고 대마도사가 아직 풀어 주지 않고 부리고 있습니다.
- **대사제**: 빛의 딸 카밀라, 인간 여자. 아주 독실한 신자입니다.
- **드워프 왕**: 콜른의 아들 볼른, 드워프 남자. 왕이 맡기는 일을 처리하면서, 자기가 속한 스톤레이더 가문의 지위를 높이고 싶어합니다.
- **엘프 여왕**: 금빛 눈의 미리아스, 하이엘프 여자. 오크 두령의 깃발을 든 약탈자들에게 가족이 살해되었습니다. 미리아스는 PC들을 오크 두령의 세력과 싸우게 할 기회를 찾고 있습니다.
- **큰드루이드**: 회색갈기 코르바스, 하프오크 남자. 입에 담을 수 없는 잘못을 하고 부족에서 쫓겨났습니다.
- **투장**: 마스타드 트루산, 인간 남자. 지옥굴 공격에서 한 손을 잃고 마법적인 은제 의수를 하고 있지만, 그 마법이 사라져가고 있습니다.
- **황금거룡**: 테릴사 스톰핸드, 하프엘프 여자. 제국의 기후를 조종하는 대마도사의 장치들을 일부 관리하는 하프엘프 집안에서 태어났습니다.
- **황제**: 레일리 톨펠로우, 하플링 남자. 수도에서의 소문에 따르면, 레일리는 제국을 위해 일하는 일환으로 그림자 대공과도 왕래를 했다고 합니다.

아니면 PC를 대리인으로!

새 PC를 플레이에 등장킬 때, 또는 긴장감과 롤플레이를 강조하고 싶을 때, PC 한 명을 표상의 대리인이라고 하십시오 (좀비의 목표가 될 것입니다). 이런 것을 아주 좋아하는 플레이어도 있습니다.

다음 내용을 플레이어들에게 읽어 줍니다 (걱정할 것 없습니다. 이 시나리오에서 읽어야 하는 것들 중에는 이게 제일 깁니다. 경험 많은 마스터이고, 이런 묘사 덩어리는 90년대에 없어졌어야 했다고 생각한다면 무시하고 원하는 대로 묘사를 해도 됩니다. 하지만 격자가 없는 전투 시스템에 맞도록 무대를 잘 설정하십시오): 오후가 끝나가자 호객 광장을 두르고 있는 회색 삼층 석조 건물들의 그림자가 길어집니다. 상인들의 목소리도 걸인들의 목소리도 한층 높아집니다. 갑자기, 시장바닥의 얽히고설킨 목소리들 위로 큰 충돌음이 들립니다. 호박을 가득 싣고 광장 서쪽 출구에 세워져 있던 커다란 수레가 뒤로 넘어가, 길에 호박이 굴러다니기 시작합니다. 처음에는 사람들이 웃지만, 곧 여자의 비명 소리가 공기를 가릅니다.

군중들이 물러서자, 누군가가 은방패대의 경비병 하나와 싸우고 있는 모습이 보입니다. 수레에 막히지 않은 두 출구 중 북동쪽 출구의 근처입니다. 그 곁에 있는 여자가 손가락질을 하며 소리를 지르고 있습니다. 경비병과 싸우던 사람이 몸을 날려 경비병의 목을 물어 뜯고 입가에 피가 흥건한 모습을 보자, 그 여자가 왜 소리를 질렀는지 알 것 같습니다. 광장 중앙의 나선계단에서 사람 같은 것들이 나와 남은 은방패대 두 명을 빠르게 쓰러뜨리자 광장에 비명소리가 늘어납니다. 경비병들을 습격한 것은 인간형이고, 한때는 살아있었던 것 같지만 이제는 아니라는 것을 알 수 있습니다. 하나하나에게 커다란 상처가 있고, 내장이나 허파나 심장이나 눈이 없는 것이 보이기 때문입니다.

등 뒤에서 빠직거리는 소리가 납니다. 고개를 돌리자 여러분이 만나려고 했던 사람이 어두운 그림자와 보라색 증기의 돌개바람에 둘러싸인 것이 보입니다. 좀비 떼는 [대리인]에게로 일제히 몸을 돌리고 다가갑니다. 시민들은 감히 앞길을 막지 못하고 비켜서 마지막 남은 남서쪽 출구로 도망칩니다. 그리고 수레에서, 얼굴이 새겨진 호박을 머리에 뒤집어 쓴 좀비가 나타납니다. 이제 좀비들의 앞길을 막을 수 있는 것은 여러분뿐입니다.

광장에서 사람들이 빠져나가려 하지만, PC들의 눈에는 광장의 세 출구 중 하나가 뒤집어진 호박 수레로 막혀 있다는 것이 보입니다. 북동쪽에는 썩어가는 좀비 다섯이 무리를 지어 있습니다. 마지막 남은 남서쪽 출구는 광장에서 도망치는 인파가 가득합니다. 쉽게 빠져나갈 방법은 없습니다. 그리고 좀비들의 본대가 광장의 중앙에서 기어나오고 있습니다. (p.14 지도 참조.) **행동 순서 판정을 합시다!**

전술: 북동쪽 출구를 막고 있는 언데드 (경비병을 공격한 놈 포함)은 휘청대는 좀비 다섯입니다. 이 좀비들은 공격받지 않는

한 PC들을 공격하지 않습니다. 역할은 출구를 막는 것입니다. 하지만 하나는 벌써 죽은 경비병을 뜯어먹고 있습니다. 나선계단에서 올라와 대충 삼각형으로 대형을 지은 것들은 **휘청대는 좀비** 10구이고, 제일 뒷줄에는 **썩어가는 인간 좀비** 2구가 있습니다. PC들과 만날 대리인에게 언데드를 끌어들이는 주문이 걸렸지만, 좀비들은 근처에서 움직이거나 자기들을 공격하는 것은 누구든 공격할 것입니다. 수레 근처에 있는 것은 **좀비 호박 투척수**입니다. 우습게 생겼지만 호박을 엄청나게 세게 던집니다.

PC들이 서로 약간 떨어져서 싸움을 시작하게 하십시오. 지도에 표시된 자리입니다. 그래도 모두 단거리에 있는 것이기는 합니다. (지형이나 지도를 사용하고 있는 경우, 광장의 중앙이나 남쪽 가장자리에 말을 배치하게 하십시오.) 탁자와 천막은 빈약하나마 엄폐물로 사용할 수 있습니다. PC들이 지형을 유리하게 사용하는 특이한 액션을 하려고 하면 난이도 15로 판정을 시키십시오. 어떤 좀비들이 조무래기인지 (장기가 적출되어 몸이 크게 상한 쪽입니다), 그리고 어떤 것들이 좀 온전한 몸을 가진 썩어가는 인간 좀비인지 플레이어들에게 확실히 알리십시오. 그러지 않으면 더 어려울 것입니다. 한편, PC들이 썩어가는 인간 좀비에게 먼저 접근하려 하면 조무래기들이 가로막을 것입니다.

PC 대리인은 좀비들로부터 장거리에 있고, 라운드 맨 끝에 행동합니다. 대리인은 이동 행동을 써서 좀비들을 피하는 데 집중하고, 싸우지는 않습니다 (물러서기 판정에 +5). 가능하면 좀비를 가로막을 수 있는 PC 뒤에 숨으려 할 것입니다. 싸움이 PC들에게 불리하게 갈 경우 좀비 한두 마리가 대리인에게 공격을 낭비하게 할 수도 있지만, 이 전투의 목적은 좀비와 PC들의 싸우게 하는 것, 그리고 대리인이 살아남는 것임을 기억하십시오.

이 전투는 모험의 분위기를 잡기 위해 평균보다 약간 어렵게 구성되어 있습니다 (2배까지는 아닙니다). PC가 4명이면 썩어가는 인간 좀비를 하나 제거하십시오. 6명이면 썩어가는 인간 좀비 하나와 휘청대는 좀비 둘을 광장 중앙의 무리에 추가합니다.

휘청대는 좀비
"으어어어…"

1레벨 조무래기 [언데드]
행동 순서: +0
취약: 신성

썩어가는 주먹 +5 vs. 장갑 - 3 피해
 순수 16+: 좀비와 대상이 모두 1d4 피해를 입습니다!

머리에 한 방: 휘청대는 좀비는 대성공으로 명중당하면 2배가 아니라 3배 피해를 입습니다.

장갑 14	
신방 12	체력 10 (조무래기)
정방 8	

조무래기: 무리에 10 피해가 가해질 때마다 휘청대는 좀비 하나가 죽습니다.

제13시대 - 엘돌란의 그림자들

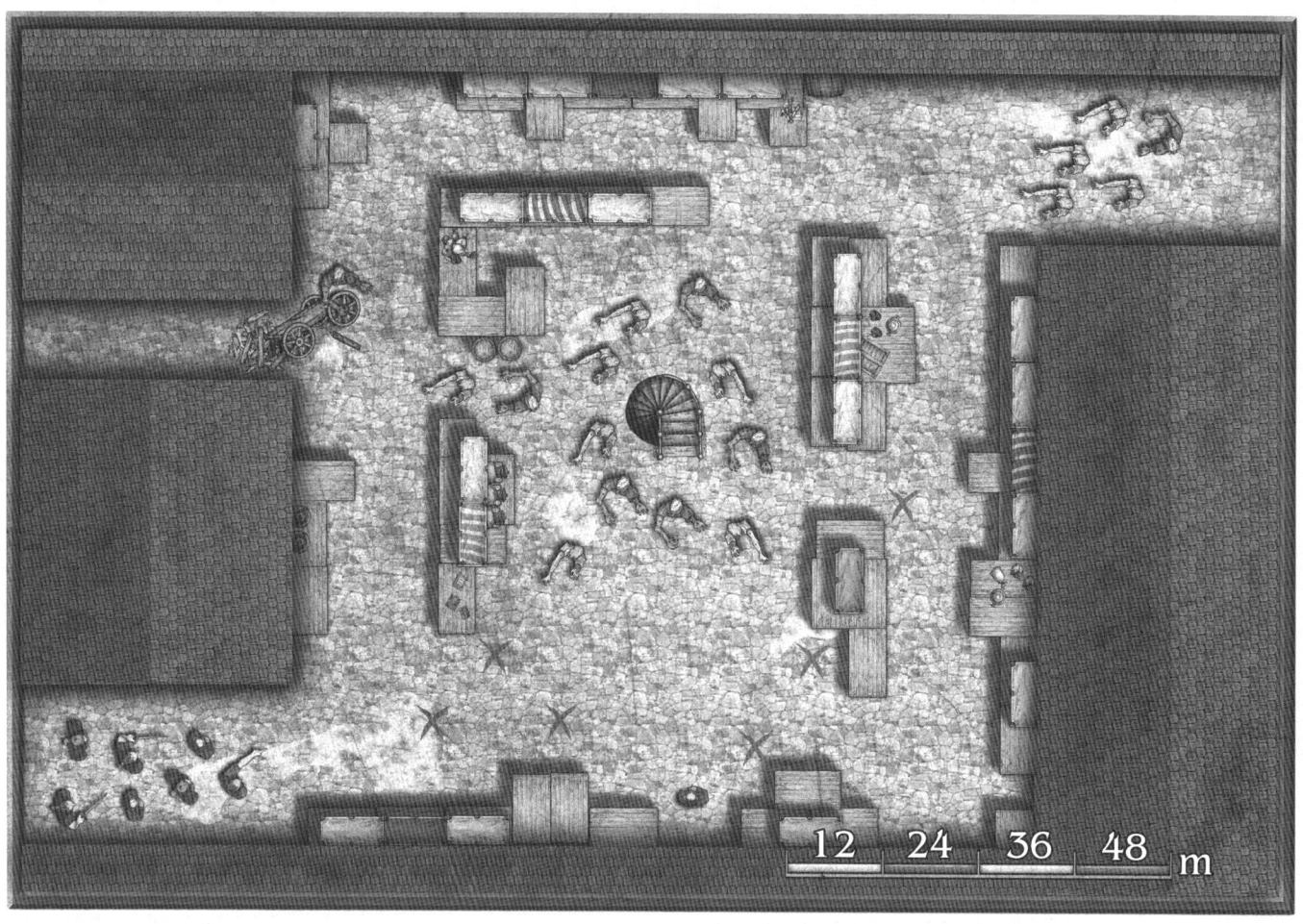

썩어가는 인간 좀비

"긁적...긁적...쾅."

2레벨 병사 [언데드]
행동 순서: +1
취약: 신성

썩어가는 주먹 +7 vs. 장갑 - 6 피해
 순수 16+: 좀비와 대상이 모두 1d6 피해를 입습니다!

머리에 한 방: 좀비는 대성공에 맞으면 체력이 0이 됩니다.

썩어가는 상처: 살아있는, 인공물이 아닌 존재가 이 좀비와 접전 중인 상태로 자기 차례를 시작하면 쉬운 극복 판정 (6+)을 합니다. 실패하면 그 차례에 그 좀비에 대하여 하는 공격과 피해에 -2 페널티를 받습니다.

장갑 15
신방 13　　　　체력 60
정방 9

좀비 호박 투척수

"...퍽, 철퍼덕."

2레벨 궁수 [언데드]
행동 순서: +3
취약: 신성

양손 호박 내려찍기 +7 vs. 장갑 - 6 피해
 순수 16+: 대상은 머리에 호박을 맞은 충격으로, 또는 호박 속이 흘러서 얼굴을 덮는 바람에 자기의 다음 차례가 끝날 때까지 쇠약해집니다.

호박 투척 +7 vs. 장갑 - 8 피해
 순수 짝수 명중: 대상은 끈적거리는 호박 속에 덮여 다음 자기 차례가 끝날 때까지 장갑과 신방에 -2 페널티를 받습니다. 더불어, 전투가 끝날 때까지 모든 민첩성 기능 판정에 -2 페널티를 받습니다 (누적).

머리에 한 방: 좀비는 대성공에 맞으면 체력이 0이 됩니다.

장갑 15
신방 14　　　　체력 50
정방 9

전리품: 좀비들에게는 쓸 만한 물건이 없습니다. 한편 광장의 상인들이 대부분 지갑만 들고 도망쳤기 때문에, 매대에서 1d6× 10gp에 해당하는 금품을 훔칠 수는 있습니다. 그러나 난이도 15 판정에 실패하면 은방패대나 남아있던 주민들이 눈치채고 문제로 삼을 것입니다. 마스터가 먼저 언급하지는 마십시오. 이것은 금품을 보면 눈이 돌아가는 도둑 같은 PC들을 위한 것입니다.

그 후: 전투가 끝나가고 (즉, 좀비 13구로 구성된 본대가 쓰러지고) 광장에서 시민들이 대부분 대피하면, 대리인 주변의 마법적인 돌개바람이 사라집니다. 그러면 북동쪽 출구에서 함성이 들려옵니다. 그리고 은방패대 여덟 명이 그쪽을 지키고 있던 좀비들을 처치하고 광장으로 들어옵니다. 이들은 피투성이가 된 현장에 놀라면서 사람들에게 무슨 일이 일어났는지 말하라고 취조를 개시하고, 그와 동시에 언데드가 더 있는지 광장을 살펴봅니다. 그러다가, 부대를 지휘하는 파렐레스 경비관 (인간 남자)이 병사들에게 부상자를 치료소로 옮기라고 명령합니다. 그리고 마법사들과 관리들이 도착하여 현장은 더욱 혼란스러워집니다.

이 공격에 의해 공포가 퍼지고 사상자가 나왔지만, 탐구회의 두 사람이 좀비에게 호박을 씌우고 호박 수레에 숨겨 두기로 하는 바람에 현장에는 약간의 웃음거리도 더해졌습니다. 이 공격을 보고 있던 시체왕의 부하들이 있었다면, 가라도스의 하수인들이 공포의 스펙터클을 망쳤다고 여길 것입니다. 그리고 가라도스가 무능하다는 의심은 더욱 강화됩니다.

영웅이 할 일

주인공들이 몸을 추스리고 마법사와 관리들이 정리를 하러 도착하기 시작하면, 표상의 대리인이 PC들을 광장 한쪽 구석에 모읍니다. 전투 도중에 무엇을 보고 들었는지 물은 뒤, 강력한 누군가가 자기를 (따라서 자기가 대표하는 표상을) 노렸고, 은방패대를 공격함으로써 이 도시의 지도자들에게 도전했다는 의견을 말합니다. PC들은 은방패대가 광장에 대거 도착하여 마법사들과 대화하는 것을 듣습니다. 은방패대는 겁을 먹었고, 다른 문제들 때문에 사람이 모자라고, 따라서 이 문제에 즉시 대처할 생각이 없다는 것이 곧 뚜렷해집니다. 마법사들은 출신 학파로 나뉘어 서로 책임을 떠넘기려 하고 있습니다. 바꿔 말해, 이 사람들은 별 도움이 되지 않을 것입니다.

이 시점에서, 대리인이 행동을 개시하기로 합니다. 누가 이 습격의 배후에 있는지 PC들에게 알아내라고 요청합니다. 그러면서 수사를 은밀하게 하고, 앞으로 이런 공격이 다시 일어나지 않게 해 달라고 당부합니다. (이것이 범인을 자기들이 처리하라는 뜻으로 받아들일지, 아니면 은방패대에 넘기라는 뜻으로 받아들일지는 팀이 결정할 일입니다.) 또한, 애꿎은 사람을 범인으로 지목하거나 공격하면 자기가 대표하는 표상에게 폐가 되니 그러지 말아 달라고도 합니다.

대리인은 PC들의 도움을 받기 위해 적절한 동기를 자극할 것입니다. 보수나 표상의 호의를 약속할 수도 있고, 강제할 수도 있습니다 (당초에 PC들에게 주기로 했던 것을 이 문제가 해결될 때까지 주지 않겠다고 합니다). 다른 수단을 쓸 수도 있습니다. 일단 PC들이 수락을 하면, 대리인은 자기가 은방패대에게 묻는 사이 광장의 생존자들과 이야기를 해 보라고 합니다 (PC들이 대리인을 따라가고 싶으면 그래도 됩니다). 이 시점에서 표상 관계 판정을 하여 어떤 단서가 나오고 어떤 어려움이 생기는지, 어떤 마법적인 도움을 받을 수 있는지 정합니다.

혜택은 정보로, 또는 마법적 도움으로 나타납니다. 뭔가 어려움이 생길 수도 있습니다 (아래 표상들의 도움 참조). 광장에서 유용한 정보를 들을 수도 있고, PC가 전에 들었지만 의미가 없다고 생각한 정보가 회상 장면을 통해 지금 의미를 갖게 될 수도 있습니다. 다른 표상의 부하들이 광장에 도착하여 정보를 줄 수도 있습니다 (순간적으로 NPC를 만들어야 할 것입니다. 앞서 나온 대리인 목록에서 등장하지 않은 사람을 써도 좋습니다). 악한 표상과 긍정적인 관계를 가진 PC가 혜택을 얻는 결과가 나오면, 왜 그 표상의 조직이 도와주는지 그 플레이어와 상의해서 이야기에 맞추어 보십시오 (예를 들어, 어쩌면 삼두회의 하수인이 도시 지도자들에게 은혜를 팔아두고 싶어할 수도 있습니다). PC들의 표상 관계를 모두 반영하는 것을 목표로 하십시오.

장기적인 연줄?

이번에 나온 표상의 대리인을 PC들의 장기적인 연줄로 사용해도 됩니다. 향후 모험에 관한 정보와 자원을 제공할 수 있을 것입니다. 이 시점에서 PC들에게 단서나 도움을 제공하려고 등장한 표상의 부하 NPC들도 마찬가지입니다.

표상들의 도움

표상과 그 조직과의 관계 덕분에, PC들은 앞으로 닥칠 모험에 유용한 내부 정보나 장비를 받을 수 있을 것입니다. 좀비 공격이 일어난 후 표상 관계 주사위를 통해 받는 결과는 단서, 마법적 도움으로 나타나고, 어쩌면 어려움을 동반할 수도 있습니다. 앞으로의 표상 관계 판정은 정상적으로 하면 됩니다. 물론 아래의 옵션들을 나중에 활용해도 됩니다.

- 5나 6이 하나 나온 PC에게는 p.16의 단서 옵션들 중에서 한 가지 정보를 줍니다 (골라도 좋고 주사위를 굴려도 좋습니다).
- 5나 6이 둘 나온 PC에게 정보 한 가지와 마법적 도움 옵션 중에서 한 가지를 줍니다 (해당되는 표상에 맞게 고르거나 무작위로 판정합니다).
- 5나 6이 셋 이상 나온 PC에게는 두 번째 단서를 주고, 나중에 그 PC가 필요로 할 때 특별한 도움을 주어도 좋습니다 (어쩌면 그 표상의 부하들이 PC들을 몰래 따라다니면서 PC들이 성공하도록 돕고 있는지도 모릅니다).
- 그러나 5가 하나 나온 것마다, 얻은 혜택에 어려움을 한 가지씩 추가합니다. 아래에 나와 있는 어려움의 목록을 참고해도 되고, 그 PC의 표상 관계에 맞는 새로운 어려움을 만들어내도 됩니다.

제13시대 - 엘돌란의 그림자들

다음의 단서와 마법적 도움 옵션들은 표상들이 관할하는 영역에 따라 나뉘어 있습니다. 그러나 캐릭터의 한 가지 특별한 것과 설정에 맞으면 어느 표상에 분류된 단서나 도움을 주어도 좋습니다. 앞의 네 단서는 PC들이 NPC들을 만나 이 시나리오에 나온 **정보를 바로 얻을 수 있게 되어 있습니다.** 뒤의 네 단서는 정해진 것이 없고, 마스터가 원하는 대로 꾸밀 수 있습니다. 아니면 앞의 네 단서로 돌아가게 해도 좋습니다. 모험적인 기분이 들면 PC들이 얻는 단서를 주사위를 굴려 정하십시오. 그렇지 않으면 앞의 네 개에서만 선택하십시오.

앞의 네 단서는 각각 엘돌란의 다른 구역으로 이어지고, 결국은 가라도스나 탐구회의 하수인들로 이어집니다. 먼저 단서를 적어도 셋 추적한 뒤에야 중대한 정보, 즉 탐구회의 핵심 인물이자 가라도스의 오른팔인 **아를리사 덴트**의 이름을 얻게 하는 것이 좋습니다. 이렇게 하면 어려움을 좀 겪고 싸움을 좀 한 뒤에 진상에 가까워지는 바람직한 모양새가 됩니다.

은근한 복선

이 시나리오를 진행하는 요령 하나는 PC들을 가라도스와 점등사 길드로 너무 빨리 보내지 않는 것입니다. 점등사 길드에 관해 부정인 묘사가 잦으면 PC들이 등잔공방을 바로 공격해서 대참사를 일으킬 수도 있습니다. 학생을 비롯한 수많은 마법사들이 다양한 로브를 입고 도시를 돌아다니는 묘사를 섞어 넣으십시오. 등잔공방의 마법사들도 출신 학파의 로브와 비슷한 것을 입고서 밤에 가로등을 켜고 다닐 것입니다. 그러면 "마법사 로브를 입은 자"라는 것은 대단한 단서가 되지 못 합니다!

단서

1: 하프엘프 여자, 엘사 화이트로즈는 대사제의 부하로, 평민 구역에서 빈민구제소를 운영하고 있습니다. 엘사는 광장의 좀비 둘이 누군지 알아 보았다고 합니다. 평민 구역에 살며 구제소에서 자주 밥을 먹던 빈민이라고 합니다. (대사제, 황금거룡, 투장)

2: 부두에서 도는 소문에 따르면, 아에르토라는 사람이 죽은 지 얼마 안 되는 사람들의 시체를 비싼 값에 사고 있다고 합니다. 관련이 있을지도 모릅니다. (그림자 대공, 드워프 왕, 악귀술사)

3: 호객 광장의 천막에서 일하던 상인인 날씬한 롤로가, 좀비 중 하나가 지난 주에 사고로 목이 부러져 죽은 자기 친구였다고 합니다. 롤로는 친구의 시신이 사원 구역에 있는 망자의 금고(엘돌란의 납골당)에 안치되었다고 합니다. 그렇다면 왜 광장에서 돌아다니고 있는 것일까요? (황제, 대사제, 엘프 여왕, 시체왕)

4: 광장의 상인 중 럼니라는 드워프 남자가 말합니다. 공격이 일어나기 전, 마법사 로브를 입은 사람 둘이 호박 수레를 뒤집는 광경을 보았다는 것입니다. 후드를 쓰고 있었기 때문에 얼굴을 알아볼 수 없었고, 인간 키였다는 것 외에는 종족도 모르겠다고 합니다. 그러더니 둘 중 하나가 누군가를 (표상의 대리인을) 손가락으로 가리켰고, 그때 일이 터졌다는 것입니다. 럼니는 호박 수레가 누구 것이었는지는 알고 있습니다. (대마도사, 그림자 대공, 드워프 왕, 오크 두령)

5: 좀비들이 기어나온 나선계단은 하수도의 빗물받이 방으로 통합니다. 광장으로 통하는 문은 열려 있었습니다. 내부는 간격이 좁은 돌격자 두 겹으로 막혀 있습니다. 은방패대는 이곳을 조사하고, 돌격자가 파손되지 않았으며 그 틈새로는 쥐 정도나 간신히 드나들 수 있을 것이라고 합니다. 돌격자의 열쇠를 갖고 있는 사람은 두 명뿐인데, 그 중 하나인 은방패대 경비병 마르토스가 오늘 출근을 하지 않았습니다. (황제, 대마도사, 삼두회)

6: 마법학교 학생 칼렙 로즈피스트는 전날 밤 호객 광장 근처에서 마법 실험을 하고 있을 때 수상한 것을 보았다고 합니다. 까마귀 패밀리어가 불안해 하길래 밖을 보았더니 광장의 가로등이 꺼져 있었다는 것입니다. 까마귀의 눈으로 들여다 보니, 로브를 입은 사람들 여럿이 광장을 가로질러 나선계단으로 내려갔다고 합니다. 그리고 그 중에서 두 명만 나왔습니다. 도적들이 하는 일에 말려들기 싫어서 말을 하지 않고 있었다고 합니다. (큰드루이드, 대마도사, 그림자 대공)

7: 좀비들을 살펴 보니 상당수는 몸에서 장기가 빠져 있습니다. 싸움에서 입은 피해를 감안하고 보면, 이 장기는 수술한 것처럼 깔끔하게 적출되었음을 알 수 있습니다. 그럴 만한 지식이 있는 사람이 마을에 많지 않을 것입니다. (대마도사, 황제, 대사제, 투장)

8: 엘돌란 주민들의 실종은 벌써 몇 달째 계속되어 왔습니다. 통상적인 살인, 납치 등이라고 생각하기에는 너무 많습니다. 그리고 이 현상은 갈수록 심해지고 있습니다. 특히 평민 구역이 그렇습니다. (투장, 악귀술사, 시체왕, 오크 두령, 그림자 대공, 삼두회)

마법적 도움

이 물품들은 PC가 시작할 때의 표상 판정에서 두 번째 혜택을 받게 되었을 때 지급하십시오. 두 번째 세션 이후에 표상 판정 성공의 보상으로 주어도 됩니다. 진정한 마법 물품들은 **제13시대 코어북**의 제9장에 나와 있습니다. 할라티르의 거룩한 눈물은 여기 새로 나온 물품입니다.

1: 엘돌란의 수호성인 **할라티르의 거룩한 눈물 2병**. 이 성수를 쓰는 방법은 두 가지가 있습니다. 무기에 바르는 방법과 그 자체를 무기로 쓰는 방법입니다. (대사제, 황금거룡, 투장, 악귀술사)
 • 일반 행동을 써서 무기에 바르면 그 무기가 신성 피해를 주게 됩니다. 효과는 전투가 끝날 때까지 지속됩니다.
 • 일반 행동을 써서 **할라티르의 거룩한 눈물**을 뿌리는 공격: 원: 민첩성 또는 통찰 + 레벨 vs 신방 (단거리의 언데드나 악귀 적) - 레벨당 1d6 신성 피해.

2: 치유 물약 2개, 모험가급 (모든 표상)

- 3: 음 에너지 저항의 물약, 모험가급 (대사제, 황금거룡, 투장, 대마도사, 시체왕)
- 4: 표상의 문장이 새겨진 룬, 모험가급 (모든 표상)
- 5: 강철 의지의 갑옷 (경장갑 또는 중장갑), 모험가급 (드워프 왕, 오크 두령, 황제)
- 6: 호신의 [무기], 모험가급. 그 PC가 사용할 수 있는 유형의 무기를 주십시오. (황금거룡, 큰드루이드, 투장, 그림자 대공)
- 7: 보이지 않는 방패의 마법봉, 모험가급 (대마도사, 엘프 여왕, 시체왕, 삼두회)
- 8: PC의 클래스와 이야기에 맞는 다른 물품 (모든 표상)

어려움

표상 판정에서 5가 나온 주사위 하나마다 한 가지 어려움을 PC가 받는 단서나 마법적 도움에 붙여서 주십시오.

- 이 정보를 얻으려면 다른 구역의 "수상한" 사람을 만나야 합니다. (NPC를 한 명 즉흥적으로 만들어서 PC들과 만나게 하십시오. 나중에도 유용하게 쓸 수 있는 정보 상인은 어떨까요?)
- PC와 양가적이거나 부정적인 표상, 또는 혜택을 주는 표상을 적대하는 표상의 부하가 나타나 방해하려 듭니다 (이제부터 이 캐릭터는 NPC로부터 정보를 얻을 때 판정 난이도가 2 높아지고, 시간을 낭비하는 가짜 정보가 나타납니다).
- 광장에 도착한 사람들 중에 잊혀진 지식의 탐구회가 섞여서 시민들의 반응을 관찰하던 중 PC들의 개입에 관해 듣습니다. 이들은 프리랜서 하플링 도둑인 맵스를 고용하여 PC들을 미행시키고 그 능력을 가늠하고 숙소를 파악해 둡니다. 가라도스는 이 정보를 전투에서 이용하거나 (탐구자들의 PC들에 대한 피해에 +2) 매복을 계획합니다 (탐구회의 기습 참조. 해골 전사를 하나 추가하십시오). 맵스는 자기가 탐구회에 고용된 것을 모르지만, 잡히면 인간 남자 둘이 자기를 고용했다고 털어 놓습니다 (압박이나 회유를 하면 숨겨진 장막의 도학자들 로브를 입고 있었다는 것을 기억해 낼 수도 있습니다).
- 마법적 도움으로 받은 물건에 귀찮은 기벽이 있어서 수사가 희극적으로 방해를 받습니다 (자기를 도와주는 사람들을 모욕하는 버릇이 생긴다거나). 아니면 이 물품을 훔칠 기회를 엿보던 NPC 도둑이 드디어 행동에 나섭니다.
- 엘돌란의 다른 문제 (p.10 참조)가 PC들의 앞에 나타나 수사를 방해합니다. 어쩌면 대결까지 해야 할 수도 있습니다.
- 마법사 학교의 학생이나 교수 하나가 PC들 중 하나를 싫어합니다. 그 학과 사람들은 이 PC를 볼 때마다 위험한 장난을 칩니다.

단서 추적

PC들이 표상 관계에서 단서를 얻었으면 어떤 것을 먼저 수사할지 결정합니다. PC들이 전혀 단서를 얻지 못했으면, 대리인이 아직도 사건의 상황을 파악하는 도중인 파렐레스 경비관과 대화를 마치고 돌아옵니다. 대리인은 은방패대가 가진 유일한 단서를 전해줍니다. 대사제의 부하 (단서 1의 엘사)로부터 습격한 좀비들 중 몇몇이 평민 구역의 주민이라는 증언을 얻었다는 것입니다.

위의 표상 관계 판정은 PC들이 이미 광장의 여러 사람들과 대화를 했다는 것을 전제로 하고 있지만, PC들이 자기들 솜씨로 호객 광장에 있는 주민들에게 질문을 할 수도 있습니다. 그래도 좋습니다. 매력 (길거리 사정에 관한 지식이나 교섭)이나 근력 (위협), 그 밖에 접근 방법에 어울리는 특성치로 난이도 15의 판정을 하게 하고, 가장 먼저 성공하는 PC에게 단서를 하나 더 주십시오. 단서들끼리는 서로 관계가 있기 때문에, PC들이 단서를 하나나 둘만 갖고 있어도 지장은 없습니다.

좀비 공격에 관한 수사가 본격적으로 시작되기 전에 PC들이 기본적이고 필수적인 사항들을 처리해야 할 수도 있습니다. 방금 엘돌란에 도착했으니 숙소를 정하고 장비를 구입해야 할 것입니다. 아니면 그 부분을 건너뛰고 바로 모험으로 들어갈 수도 있습니다. 그러나 범인들을 찾는 데에는 시간이 좀 걸릴 것이기 때문에, 엘돌란이라는 곳이 어떤 곳인지를 좀 더 확립하여 PC들의 근거지로 삼을 가능성을 만들려면 지금이 적절한 때입니다.

어느 단서를 먼저 수사할지는 PC들 마음입니다. 처음의 네 단서는 이 바로 뒤에 상세하게 설명되어 있고, 마지막 네 개는 마스터가 직접 만들고 확장하기 위한 씨앗입니다. 예를 들어 빗물받이 방의 열쇠를 갖고 있는 은방패대 대원의 행방 (단서 5)을 추적하면 아에르토에게 빚을 지고 있어서 열쇠를 복사해 주었다는 것을 알게 될 수도 있습니다 (단서 2). 마법 학생 칼렙 (단서 6)이 패밀리어에게 수상한 사람을 따라가라고 시켜서 극장까지 추적했다고 할 수도 있습니다 (파울로스, 단서 1). 누가 시체에 이런 정확한 수술을 할 수 있는지를 알아 보면 (단서 7) 마을 치료사를 찾아가게 되고, 치료사는 PC들에게 망자의 금고에 있는 사제들을 찾아가 보라고 할 수 있습니다. 실종된 가족과 친구를 찾는 NPC들 (단서 8)이 PC들에게 다른 단서들을 제시하거나 (단서 1~4), 금지된 실험을 하는 마법 학생들에 관해 이야기해 줄 수도 있습니다. 이야기에 맞추어 전개하면 됩니다.

제13시대 - 엘돌란의 그림자들

점등사 길드의 한 가지 용법

어떤 플레이어들은 점등사들이 좀비 습격이나 탐구회에 관련되어 있다는 아주 미미한 정보만 갖고서도 등잔공방 (p.52)에 쳐들어가려 할 것입니다. 그것도 가능하지만, 점등사들이 모두 탐구회는 아닙니다. 아를리사에 관한 더 강력한 증거를 얻을 때까지 플레이어들의 마음에 의심을 불어넣을 필요가 있을 수도 있습니다.

한 가지 방법은 모험 초기에 점등사들이 PC들을 돕게 하는 것입니다. 전투에서 도와주어도 좋습니다. 쥐잡이패와의 싸움 (단서 1)이나 드워프 노동자와의 싸움 (단서 2)이 일어났을 때, 길드 마법사 중 하나가 근처의 등잔을 켜서 불을 밝히고 고조 주사위를 +1 높여 줄 수도 있습니다. 또는 PC들이 망자의 금고 (단서 3)나 옛 양조장 (단서 4)으로 갈 때 어느 어두운 골목을 점등사가 밝혀 줄 수도 있을 것입니다. 그러면 PC들은 기습을 하려고 기다리던 적들의 그림자가 겁을 집어먹고 도망치는 모습을 봅니다. 플레이어들의 마음에 의심을 심으면, 길드 전체가 음모에 연루되어 있는지 그 중 일부의 문제인지 알고자 할 것입니다. 플레이어들이 계속 궁금해하게 하십시오!

단서 1:

엘사 화이트로즈, 평민 구역

대사제의 부하인 엘사 화이트로즈라는 여자가, 좀비들 중 두 사람이 평민 구역의 주민이라고 증언했습니다. 엘사는 평민 구역에서 빈민구제소를 운영하고 있습니다.

평민 구역

평민들이 살기 때문에 평민 구역으로 불립니다. 엘돌란에서 가장 큰 구역이고 인구도 가장 많습니다. 값싼 공동주택, 가난한 사람들을 위한 작은 가게들, 그리고 안장 구역에 있기에는 너무 시끄럽거나 냄새나거나 위험한 산업들이 여기에 있습니다. 도시로 들어오는 문은 평민 구역의 남쪽 벽에 있습니다. 여기에서 대로가 구역을 가로지르고, 사원 구역 입구에서 멀지 않은 곳에서 안장 구역으로 들어갑니다. 안장 구역에 들어가려면 동화 두 닢 (2CP)를 내야 하기 때문에, 업무상 용무가 없는 한 가난한 사람들은 잘 들어가지 않습니다.

평민 구역에서 유명한 곳은 다음과 같습니다: 호객 광장, 토끼굴 (버려진 건물과 골목들이 미로처럼 얽힌 도둑들의 은신처), 에일하우스 양조장 (마을에서 가장 큰 드워프 양조장), 주점골목 (평민 구역의 노동자들을 위한 술집들이 가득 들어찬 지역. 퇴근 시간 후에는 아주 소란스러워집니다).

평민 구역도 밤에 불이 켜지는 곳이 있습니다. 특히 정문 주변, 대로변, 사원 구역의 입구는 그렇습니다. 점등사들은 토끼굴에 들어가지 않기 때문에 (가로등이 항상 도난당합니다), 이곳은 항상 어둡습니다. 세 학파의 학생들 모두가 주점골목에서 술을 마시는 것을 담력의 증명으로 삼습니다. 술에 취한 마법 학생들은 마법 결투를 벌이기도 하는데, 자기들끼리보다 구경하는 사람들에게 더 큰 피해를 주곤 합니다.

평민 구역과 표상들의 관계

대부분의 학생들은 자기들이 평민 구역 사람들보다 "높다"고 생각하고, 그렇게 행동합니다. 세 학파의 학생들이 모두 주민들에게 마법적인 장난을 겁니다. 대부분은 무해하지만, 안 그런 경우도 있습니다.

최근 학생들은 평민 구역의 한 집단에 집중적으로 장난을 치고 있습니다. 이것은 드워프 왕과 관련이 있는 양조장 드워프들이라고 할 수도 있고, 황제와 (어쩌면 대공과) 연줄이 있는 노조에 속한 일용직 노동자들일 수도 있습니다. 학생과 그 가족들은 대부분 대마도사와 관계가 있습니다. 학생들의 장난의 결과 수입에 큰 손실이 일어났고, 그래서 관련된 표상들의 부하들이 움직이기 시작했습니다. 어쩌면 이 구역을 찾아온 PC들에게 다가와, 이 문제를 해결해 달라고 할 수도 있을 것입니다.

엘사 화이트로즈

엘사 화이트로즈는 빛의 신들의 사제이며 대사제의 부하입니다. 집 없는 사람들을 재워주고 가난한 사람들에게 밥을 주는 잃어버린 희망 빈민구제소를 운영하고 있습니다. 구제소는 평민 구역의 그리핀 광장 근처에 있습니다. 그리핀 광장은 평민 구역과 학교 구역을 나누는 절벽 아래에 있는 작은 광장이고, 사원 구역 가까이에 있습니다. 구제소의 위치는 아무에게나 물어 보아도 가르쳐 줄 것입니다.

엘사 화이트로즈, 평민 구역

엘사는 대사제로부터 소액의 지원금을 받고 마을의 상인들로부터 약간의 기부금을 받아 빈민구제소를 운영하고 있습니다. 고람 (하프오크 남자)과 일사 (10대 인간 여자)가 작은 방과 세 끼 식사만 받으며 엘사를 돕고 있습니다. 빈민구제소에는 여러 종족의 빈민들이 항상 10~20명 정도 있습니다. 고람이나 일사는 PC들을 보면 기부금을 요청할 수도 있습니다.

호객 광장에서 일어난 습격에 관해 질문하면, 엘사는 다음과 같은 정보를 줍니다. 예의 바르게 대하면 바로 가르쳐 주지만, 무례한 사람에게는 시간을 내 주지 않습니다. 그러나 무례에 대한 속죄로 빈민구제소에 기부금을 내면 알려 주겠다고 할 수도 있습니다:

- 엘사는 좀비들이 공격했을 때 광장에 있었습니다. 싸울 줄은 모르지만, 신성한 힘으로 좀비를 다가오지 못하게 하여 광장 구석에 몰린 사람들을 지켰습니다.
- 첫 공격에서, 엘사는 공격해 오는 언데드 중 두 명이 구제소에서 지내던 빈민임을 보고 놀랐습니다. 하나는 **톨부스 리스**라는 이름의, 군단병으로 일하다가 다리를 다친 뒤로 일자리를 얻지 못하고 있던 중년의 인간 남자였습니다. 다른 한 사람은 **코락 스톤슨**이라는, 구제소에서 곧잘 자고 가던 드워프 주정뱅이입니다.
- 엘사가 톨부스를 마지막으로 본 것은 열흘 정도 전, 구제소였습니다. 그리고 코락은 1주일 정도 전에 길에서 본 기억이 있습니다. 톨부스도 코락도 평민 구역의 주민이었고, 일도 구걸도 구제소 근처에서 했다고 합니다.
- 이곳의 빈민들 사이에는 사람들이 지난 한 달 간 실종되고 있다는 소문이 돌고, 엘사 자신도 구제소에 자주 나타나던 얼굴들이 더 이상 오지 않는 것을 눈치챘습니다. 원래 구제소가 사람들이 흘러가는 곳이기는 하지만, 그래도 걱정이 되어 엘사는 은방패대에 신고를 했습니다. 그러나 은방패대는 실종자에 대해 거의 손을 쓰지 않았습니다 (뇌물이 충분하지 않았기 때문입니다). 고작 한 나절 정도 찾는 시늉을 하고, 실종자들이 마을을 떠났다고 결론을 내렸습니다.
- 빈민가의 소문 중에는 나흘 전 어느 버려진 건물에서 인간 남자 두 명이 늙은 랄프라는 주민을 끌고 갔다는 이야기도 있습니다. 랄프는 큰 소리로 욕설을 퍼부었다고 합니다. 그리고 이것이 처음은 아니라고 합니다. 엘사는 자기도 전해 들은 이야기라며, 확실히 하려면 빈민들, 특히 노숙자들에게 물어봐야 할 것이라고 말합니다.

노숙자 탐문

빈민구제소에 있는 사람들에게 실종자들에 관해 물어 보면 먼저 기분 나빠하는 시선, 악을 피하는 손짓, 성난 중얼거림 등을 받게 됩니다. 이 사람들은 복잡한 일에 관련되고 싶어하지 않습니다. 한편 난이도 15의 매력 (교섭)이나 근력 (위협) 판정에 성공하면 랄프에 관해서는 세 손가락 라일리가 알고 있을 것이라는 정보를 들을 수 있습니다. 라일리는 구제소에는 없고 길거리에 있습니다. PC들이 약간의 돈을 제시하면 이 판정에는 +5가 붙습니다. 대사제나 황금거룡과 긍정적/양가적 관계를 갖고 있으면 표상 관계 판정에 성공할 경우 라일리의 이름을 들을 수 있습니다 (플레이어가 먼저 제안하지 않으면 마스터가 언급해도 좋습니다). 그러지 않을 경우, 길에서 한나절 동안 탐문 조사를 하면 다음 사람들 중 하나 이상에 대해 이야기를 들을 수 있습니다: 재거 던, 칼리아, 세 손가락 라일리.

재거 던 (드워프 남자): 재거는 노숙자들에게 물으면 쉽게 찾을 수 있습니다. 항상 취해 있는 드워프 노동자입니다. 묵은 맥주 냄새가 나고, 옷은 해졌으며, 피부에는 때가 끼어 있습니다. PC들이 발견했을 때는 아마 길모퉁이에 앉아 미지근한 맥주를 마시며 술집 노래를 부르고 있을 것입니다. 땀으로 얼룩진 모자가 바닥에 놓여 있고, 그 안에는 동전이 몇 개 있습니다. 아니면 골목에서 담요를 몸에 감고 자고 누워 있을 것입니다. 술 취한 모습을 강조해도, 지독한 숙취를 강조해도 좋습니다.

실종자들에 관해 물으며 센 술을 주겠다고 약속할 경우 재거는 다음 정보를 줍니다:

- 2주일 전, 근처 골목에서 술에 취해 자고 있을 때였습니다. 소란스러워서 깨어났는데, 마법사 학생 차림의 남자 둘이 노숙자 랄프 노인과 몸싸움을 하고 있는 것이 보였습니다. 랄프도 맞서 싸웠지만, 나이와 "기침병" 때문에 오래 버티지 못하고, 남자가 머리를 때리자 쓰러졌습니다. 재거는 들키면 자기도 잡혀갈까 봐 소리 없이 있었습니다. 남자들은 랄프를 손수레에 태우고 담요로 덮었습니다. "이제 살아있는 재료가 필요하대. 일이 진전이 됐으니까." 그렇게 서로 이야기하는 것도 들었다고 합니다. 랄프는 자기가 그렇게 취하지는 않았고, 이 일이 사실이라고 맹세합니다. 하지만 대부분의 사람들은 그냥 웃고 말았다고 합니다. 더 물어 보면 (술도 더 사 주겠다고 해야 합니다) 로브를 입은 사람들의 나이가 때때로 평민 구역에 술을 마시러 오는 학생들보다 늙어 보였다고 합니다. 로브가 회색이나 은색이었던 것 같지만, 어두워서 알기 어렵다고도 합니다.
- 재거는 코락 (좀비들 중 하나)과도 아는 사이였습니다. 술친구이기도 했고, 같이 막노동을 하기도 했습니다. 랄프가 납치되고 사흘 후, 코락은 재거와 벽돌 나르는 일을 하러 만나게 되어 있었지만 나타나지 않았습니다. 재거는 코락 때문에 일을 공친 것이 화가 났었지만, 지금 보면 코락도 납치되었을지 모른다는 생각이 듭니다. 왜냐하면 코락이 최근 수상한 인간 남자 둘이 찾아와 공짜 맥주를 주고 자기에 대해 이상한 질문들을 늘어놓았다고 했기 때문입니다. 남자 둘 중 하나는 파울로스인가 파울린가 하는 이름이었고, 다른 하나는 지그문트라고 했습니다. 재거는 파울로스/파울라는 사람은 모르지만, 이 구역에 새로 나타난 지그문트라는 남자는 알고 있습니다. 버려진 옛 극장에서 마약상의 부하로 일하고 있다 합니다.

부랑아 칼리아 (하프엘프 여자): 칼리아는 14세 고아입니다. 무리를 지어 다니지 않고 혼자 지냅니다. 동네의 가게 주인들 심부름을 하거나, 호객 광장에서 공연하는 길거리 악사들의 모자 속을 노립니다. 짧은 검은 머리 위에 모자를 썼고, 불필요한 시선을 피하기 위해 남자 아이처럼 옷을 입었습니다. 그리고 그것으로 부족할 때를 대비하여 작은 칼도 가지고 다닙니다. 구석에 몰리면 센 척을 합니다. 돈을 조금 주겠다고 약속하면 PC들이 묻는 말에는 모두 대답합니다. 그러나 PC들이 수상하다고 여겨 아주 경계하기는 할 것입니다.

실종자들에 관해 물으면 칼리아는 다음 정보를 가르쳐 줄 수 있습니다:

제13시대 - 엘돌란의 그림자들

- 칼리아는 톨부스 리스를 압니다. 쥐잡이 패거리가 벽돌로 자기를 두들겨 패고 있을 때 나타나 구해 준 친구입니다. 톨부스는 저는 다리에도 불구하고 싸움을 잘 했지만, 무감각과 환각을 일으키는 마약인 꿈잎사귀에 중독되어 있었습니다. 꿈잎사귀를 살 돈이 없어서 수전증이 심했습니다. 남는 동전을 몇 닢 톨부스에게 주었을 때, 톨부스는 새 약장수를 찾았다고 했습니다. "꿈팔이"라는 사람이 절반 값에 꿈잎사귀를 팔고 있다는 것입니다. 톨부스는 그 뒤로 일주일간 보지 못했습니다. 칼리아는 좀비 중에 톨부스가 있었다는 소문 때문에 걱정이 많습니다.
- 칼리아는 꿈팔이가 몇 블록 떨어진 옛 극장 건물에 있다고 합니다. 실제로 본 적도 있습니다. 중년의 인간 남자이고, 입은 옷은 마치 가게 주인 같지만 구겨지고 낡았다고 합니다. 꿈팔이는 평민 구역에 새로 온 사람이고, 약을 팔기 시작한지도 1개월 남짓이라 합니다. 칼리아는 PC들에게, 꿈팔이를 만날 때는 조심하라고 합니다. 하플링 도둑 하나가 꿈팔이의 약을 훔치려다 잡혀서 배가 갈렸다는 것입니다.

세 손가락 라일리: 라일리는 지저분한 차림새의 갈색머리 하플링입니다. 청년 티를 갓 벗은 모습입니다. 이 근방의 도둑들을 상대하는 소규모 장물아비로 일하고 있습니다. 연줄이 좀 있고, 그것을 부풀려 말합니다. 질문을 하면 약게 빠져나가려 하지만, 돈을 주면 정보를 팔 것입니다. 단, 동네 건달패들과 문제를 일으킬 만한 정보에는 입을 다뭅니다. 어려운 말을 사용하려고 하지만 뜻을 잘 모릅니다. PC들이 쉬운 목표일 것 같으면 (도적이나 그 비슷해 보이는 사람이 없음) 한 명을 골라 소매치기를 시도합니다. 라일리의 소매치기를 눈치채는 것은 난이도 20의 통찰 판정입니다. 실패하면 유용하고 작은 비마법 물품 하나, 또는 주화 1d10개를 잃습니다.

실종자들에 관해 물어 보면 돈이나 그에 상응하는 유용한 정보를 요구합니다. 조건이 맞으면 라일리는 다음 정보를 줍니다:

- 라일리는 코락 (주정뱅이)과 톨부스 (제국 병사로 일했던 폐인)를 근방의 노숙자들로 알고 있습니다.
- 랄프 노인이 납치되었다는 이야기는 들었지만, 꿈팔이라는 사람 (마약상)에게 진 빚을 갚지 못해 그 부하들에게 끌려간 것으로 알고 있다고 합니다.
- 지난 한 달 간, 실종자들이 부쩍 는 것은 사실입니다 (자기만 해도 세 사람을 더 댈 수 있다고 합니다). 대부분 마약이나 알코올 중독자였던 것 같습니다.
- 꿈팔이는 평민 구역에 새로 등장한 마약상입니다. 쥐잡이패에게 큰 돈을 주고 그 구역에서 사업을 한다고 합니다. 값이 싼 것으로 유명합니다. 꿈팔이라는 이름은 다루는 약이 꿈잎사귀이기 때문입니다. 꿈팔이는 위험해 보이는 남자 둘을 보디가드로 데리고 다닙니다 (적어도 길에 나다닐 때는 그렇습니다). 둘 다 인간이고, 하나는 지그문트, 하나는 파울리 (아무튼 그 비슷한 이름)입니다. 평상복 위에 마법사 로브를 겹쳐 입고 있지만, 아무도 이들이 마법을 쓰는 것을 본 적은 없습니다.
- 꿈팔이는 몇 블록 떨어진 버려진 건물에 있습니다. 여러 해 전, 화재로 일부 불타기 전에는 극장이었다고 합니다. 건물의 위층은 언제 무너질지 모르는 상태이고, 거기서는 한 걸음 한 걸음을 조심해야 합니다. 하지만 1층은 괜찮습니다. 그 안에 들어간 사람은 나오지 못한다는 소문도 있습니다.

쥐잡이패의 구역

PC들이 노숙자들을 탐문하고 있으면 이 지역의 터줏대감 건달들인 쥐잡이패의 주의를 끌게 됩니다 (꿈팔이에게 가기 전입니다). 깡패들은 PC들이 너무 꼬치꼬치 캐묻고 다니고, 돈도 좀 있는 것 같아 보이기 때문에, 암습을 계획합니다. 이들의 리더인 뚜껑따개 (본명 바를로)가 PC들 앞에 나타납니다. 바를로는 스물도 되지 않은 청년이지만 카리스마가 넘치고 말도 잘 하며, 대공의 매력을 나누어 받은 것 같은 느낌마저 있습니다. PC들에게 가진 것을 모두 내어놓으라고 할 때조차도, 마치 칼로 버터를 자르는 것 같은 부드러움이 있습니다.

플레이어들에게 읽어 줍니다: 뭔가 알지도 모르는 노숙자를 만나려, 여러분은 쓰레기가 가득한 좁은 골목을 지나고 있습니다. 그런데 벽에 기대서 단도로 손톱을 정리하고 있는 날씬한 사람이 하나 보입니다. 이 남자는 16세나 17세쯤 되어 보이는 인간 청년입니다. 여러분을 보더니 미소를 짓습니다. "안녕하십니까, 여행자분들. 차림새가 번듯하시군요. 귀찮게 해드려 죄송합니다만 여러분은 길을 좀 벗어나신 것 같습니다. 허리에 차신 주머니에 든 돈이 저랑 나눠 가지기 충분할 정도로 많아 보이는데요. 지금 돈주머니를 던져 주시면 좋은 친구로 남을 수 있을 것 같습니다."

그 말을 하는 도중에, 세 보이는 청소년들이 근처 골목과 쓰레기 더미 뒤에서, 여러분의 앞뒤를 막습니다. 모두가 한 손을 등 뒤에 감추고서 히죽 웃고 있습니다. 검게 썩은 이가 드러납니다.

뚜껑따개와 PC들은 좁은 골목의 병목에 있습니다. 여기서 벗어날수록 길의 폭은 넓어집니다. PC들의 10m 정도 뒤에는 다른 골목이 직각으로 연결되어 있고, 20m 정도 앞에는 사거리가 있습니다 (p.21 지도 참조). 골목의 좌우 건물들은 돌을 쌓은 벽과 같지만, PC들의 약간 앞에서 왼쪽으로 잠긴 나무 문이 하나 있습니다. 건물의 높이는 7~8m 정도이고, 나무 문의 반대쪽 건물 5m 높이에 두 사람이 들어갈 만한 발코니가 있지만 셔터가 잠겨 있습니다. 건달패와 PC들은 서로 단거리이고, 건달패는 앞뒤에서 닥쳐 옵니다 (골목에서 나왔거나 앞쪽의 길에서 나타났습니다). 여기 있는 것은 **뚜껑따개**, 그리고 발코니에 숨어서 벽돌을 던지려 하는 **쥐잡이패 벽돌수 둘**, 그리고 길거리의 **쥐잡이패 건달 12명**이 앞뒤로 각각 6명씩 있습니다 (조무래기)

전술: PC들이 돈을 주지 않으면, 뚜껑따개는 첫 라운드에 단도를 던지고 건달들이 일제히 달려듭니다. 그 뒤로 뚜껑따개는 자기 부하들과 이미 접전중이며 갑옷이 약해 보이는 상대를 노립니다. 싸우는 동안, 쥐잡이패는 서로 별명을 부르면서 격려를 합니다 (벽돌머리, 식칼, 불쏘시개, 망치 등등).

돌벽을 오르는 것은 난이도 15의 근력 판정입니다. 나무 문의 자물쇠를 따거나 부수는 것은 난이도 15 판정입니다 (민첩성 또는 근력). 문은 곡물 창고로 통합니다. 건달패는 지기들을 지나쳐 가거나 뚜껑따개의 차례가 되기 전에 뚜껑따개에게 덤벼들려는 PC가 있으면 가로막습니다. 뚜껑따개가 쓰러지고 건달이 최소 여섯 명 쓰러지면, 각 쥐잡이패는 자기 차례가 되었을 때 보통 극복 판정을 합니다. 실패하면 도망칩니다.

PC가 4명이면 벽돌수 하나를 빼십시오. 6명이면 쥐잡이패 건달 4명을 더합니다.

엘사 화이트로즈, 평민 구역

친구 만들기

다른 깡패들은 무식하고 가난하고 더럽지만 뚜껑따개는 달라 보입니다. 어쩌면 자유를 찾아 가출한 귀족집 아들이거나, 표상의 요원이거나, 그림자 대공의 힘을 어떤 식으로든 나누어 받았는지도 모릅니다. PC들이 돈을 넘겨 주고 쥐잡이패와 친해지려 하면 그렇게 할 수도 있습니다 (가진 돈의 1/3을 잃습니다).

돈주머니를 받으면 뚜껑따개는 이제 무기를 달라고 할 것입니다. "이제 친구니까 그건 필요 없지요?" 이 시점에서 PC들은 대화로 상황을 돌릴 수 있습니다. 난이도 15의 매력 판정에 성공하면 쥐잡이패는 무기를 굳이 빼앗지 않기로 합니다. 실패하면 싸움이 벌어집니다. 두 번째로 난이도 20의 매력 판정에 성공하면 뚜껑따개는 PC들을 마음에 들어하고, 부하들을 물린 뒤 이야기를 하려 합니다. 뚜껑따개는 이 지역을 잘 알고 있고, 꿈팔이에 관한 기본적인 사항, 극장의 내부 생김새, 그리고 2층이 안전하지 않다는 정보를 줄 수 있습니다. 엘돌란에서 더 모험을 하게 되면 도움이 될지도 모릅니다.

아니면 그림자 대공과 관계가 있는 PC에게 표상 관계 판정을 하게 할 수도 있습니다. 5나 6이 나오면 성공합니다. 단, 5가 나오면 항상 그렇듯 뭔가 어려움이 발생합니다.

발코니

쥐잡이패 건달

"뭘 쳐다봐? 꼬우냐?"

1레벨 조무래기 [인간형]
행동 순서: +3

단도/몽둥이/뾰족하게 간 뼛조각 +7 vs. 장갑 – 3 피해
  순수 16+: 건달이 더러운 수를 써서 대상은 2 피해를 더 입습니다.

수적 우세: 공격의 대상이 동료 둘 이상과 접전중이면 건달은 +1 피해를 더 가합니다.

장갑 16
신방 15
정방 11 **체력 5 (조무래기)**

조무래기: 무리에 5 피해가 가해질 때마다 쥐잡이패 건달 하나가 죽습니다.

21

쥐잡이패 벽돌수

"이거나 먹어라!"

1레벨 궁수 [인간형]
행동 순서: +3

벽돌로 후려치기 +5 vs. 장갑 – 2 피해

원: 벽돌 던지기 +7 (높은 곳이라 +8) vs. 장갑 – 4 피해
  순수 짝수 명중: 대상은 다음 자기 차례가 끝날 때까지 어지러워집니다.

우월한 위치: 쥐잡이패 벽돌수는 공격자보다 높은 곳에 있으면 장갑과 신방, 그리고 원거리 공격에 +1을 받습니다.

장갑 16 (17)	
신방 15 (16)	체력 25
정방 12	

뚜껑따개 (쥐잡이패 리더)

"그 허리띠 정말 멋있군요. 내가 차도 어울리겠어요."

1레벨 리더 [인간형]
행동 순서: +7

숨겨 놓은 쇠막대 +7 vs. 장갑 – 4 피해
  순수 짝수 명중: 뚜껑따개는 대상으로부터 이탈하고, 자유 행동으로 이동할 수 있습니다.

원: 단도 +9 vs. 장갑 – 3 피해
  사용 제한: 전투마다 한 번.

얘들아, 덤벼라: 뚜껑따개가 공격할 때마다, 단거리의 동료 하나가 자유 행동으로 근접 공격을 할 수 있습니다.

장갑 17	
신방 12	체력 32
정방 14	

전리품: 쥐잡이패를 물리치고 나면, PC들은 쓰러진 적들의 몸을 뒤질 수 있습니다. 대부분은 빈민입니다. 합치면 은화와 동화가 12gp어치, 그리고 값어치 없는 잡동사니가 나옵니다. 뚜껑따개는 꿈잎사귀 한 뭉치를 갖고 있습니다. 암시장에 팔면 30gp, 대마도사쪽 사람들에게 가져다 주면 15gp를 받을 수 있습니다.

그 후: 붙잡은 쥐잡이패 중 누구에게든 꿈팔이에 대해 물어 보면, 자기들이 약간의 돈을 받고 자기 구역에서 일하게 허용하고 있다고 합니다. 장소는 인근의 극장 건물입니다. 가는 길을 알려줄 수도 있고, 직접 안내할 수도 있습니다.

꿈팔이

꿈팔이는 키 작은 중년 인간 남자입니다. 가게 주인 같은 옷차림을 하고 있지만 옷은 구겨져 있습니다. 빨간머리는 반백이고, 이빨은 꿈잎사귀 때문에 검어졌습니다. 본명은 검은 이빨 토르사입니다. 토르사가 파는 "꿈"은 꿈잎사귀라는 마약입니다. 토르사는 그 외에도 암시장에 폭넓게 관여하고 있습니다. 드라켄할 출신이고, 자기 두목에게 사업을 나누어 받아 엘돌란을 개척하러 온 것입니다. 토르사가 삼두회 (청왕)를 섬기는지, 아니면 다른 표상을 섬기는지는 PC들의 설정과 표상 관계에 따라 정하십시오. 단순한 마약상이 아니라 더 큰 음모를 가지고 엘돌란에 왔는지도 모릅니다.

토르사는 버려진 낡은 이층 건물에서 사업을 벌이고 있습니다. 위층은 바닥이 쉽게 꺼지고 언제 불이 나도 이상하지 않은 취약한 구조를 하고 있습니다. 그러나 1층과 지하실은 튼튼합니다. 토르사는 1층 로비에서 손님에게 꿈잎사귀를 팝니다. 건물은 경비가 잘 되어 있습니다. 재고와 기타 물품은 지하실에 두고 더 삼엄하게 지킵니다.

토르사가 마약 가게를 차린 뒤, 잊혀진 지식의 탐구회에서 지그문트와 파울로스가 찾아왔습니다. 군말 없이 "사회의 낙오자들"을 수집하는 것을 도와주면 공짜로 일을 해 주겠다고 제안했습니다. 토르사는 제안을 수락하고, 두 사람의 도움을 받아 연줄을 만들고 사업을 운영했습니다. 지그문트와 파울로스는 토르사에게서 저질 꿈잎사귀를 받아, 이것을 이용하여 피해자들을 극장으로 꾀어내 극장의 지하실에 감금했습니다. 지그문트와 파울로스가 감금된 사람들을 데리고 가면, 토르사는 이 사람들이 다시는 돌아오지 못할 것이라고 추측하곤 했습니다.

극장에 다가가기

건물의 외벽을 타고 2층에 올라가려고 하면, 2층의 불안한 구조 때문에 어려운 판정을 해야 합니다 (난이도 20). 실패하면 도로 길바닥에 떨어지고, 안에 있는 자들이 눈치를 챕니다 (건물을 올라가는 게 얼마나 어려운지는 미리 묘사하십시오). 성공하더라도, 바닥이 삐걱거리고 부서지기 때문에 1층을 내려다 볼 수 있는 곳으로 가려면 조심해서 조용히 가야 합니다 (난이도 15 민첩성 판정). 실패하면 1층에 떨어져 2d6 피해를 입습니다.

토르사는 동네 아이들을 고용해서 극장에 다가오는 사람이 있으면 알리게 하고 있습니다. PC들이 전혀 조심하지 않거나 조심을 하기 위한 난이도 15 판정에 실패하면 이 아이들이 토르사에게 일러바칠 것입니다. 그러면 토르사는 방어를 준비하고, 시간이 충분하면 건달패를 몇 명 고용하여 PC들을 처리하게 할 것입니다 (극장 밖에서 건달 6명이 PC들을 위협하거나 공격하게 하십시오. 수치는 쥐잡이패 전투 부분에 나와 있습니다).

극장을 밖에서 감시하면 손님들이 드나드는 것이 보입니다.

극장의 1층은 세 구역으로 나뉘어 있습니다. 작은 로비와 매표소가 있는 입구, 무대와 객석, 그리고 무대 뒤의 창고입니다. 지하에는 토르사의 꿈잎사귀 창고와 납치된 사람들을 감금하는 방이 있습니다. 지도는 p.24에 두었습니다.

입구 로비

쌍여닫이문을 지나면 작은 로비 (9m×6m)로 들어갈 수 있습니다 (문짝 하나는 못으로 고정되어 있습니다). 로비에는 무대로 들어가는 쌍여닫이 문이 둘 있습니다. 보통 손님은 로비를 넘어서 가지 못합니다. 로비에는 건달 넷 (하프오크 하나, 인간 셋)이 둘씩 짝을 지어 양쪽의 문을 지키고 있습니다. 매표소는 튼튼한 참나무로 되어 있고, 위쪽 절반은 쇠창살로, 옆에는 안에서 잠그게 되어 있는 나무 쪽문이 있습니다. 매표소 안에는 자르실 랄스라는 하플링 남자가 혼자서 카드 놀이를 하고 문지기들에게 욕을 하며 시간을 보내다가 손님이 오면 약을 팝니다. 건달들은 손님들을 감시하고, 로비에는 한 번에 두 명까지만 들어오게 합니다. 더 들어오려고 하면 "맞기 싫거든 밖에서 기다리라" 합니다. 조금이라도 문제를 일으키거나 지시에 불응하면 빠르고 폭력적인 대응이 가해집니다. 적어도 하루에 한 번은 누군가를 두들겨서 내쫓는 일이 생기기 때문에, 비정상적으로 시끄러운 마법적 폭발이 일어나거나, 건달이 무대로 도망치거나, 고조 주사위가 3이 되지 않으면 무대쪽에서는 신경을 쓰지 않을 수도 있습니다.

대량 구매를 하거나 꿈팔이를 만나고자 하는 손님은 말을 잘 하고 돈을 보여 주면 (난이도 15 매력 판정) 무대에서 토르사와 측근들을 만날 수 있습니다 (한 번에 두 명밖에 못 가기는 마찬가지입니다). PC들이 정찰을 하러 들어갔다가 물건을 사지 않고 나오면, 자르실이 냄새를 맡고 건달들에게 PC들을 공격하라고 시킬 수도 있습니다 (자르실을 설득하려면 난이도 15 매력 판정).

플레이어들에게 읽어 줍니다: 여러분은 바깥 문을 지나 작은 로비에 들어갑니다. 극장 내부로 통하는 쌍여닫이 문이 두 쌍 있고, 하나하나를 건달 두 명씩이 지키고 있습니다. 오른쪽에 있는 나무와 쇠로 된 매표소에 앉은 하플링이 여러분을 보고 말합니다. "돈부터 보여 주시지, 친구들." 말투에서 음산한 기운이 묻어 납니다. 이미 돈 냄새를 맡았는지 입꼬리가 올라가 있습니다.

전술: 문제가 생기면 (PC들이 꿈잎사귀를 사지도 않고 나가지도 않는 경우, 한 번에 셋 이상이 들어와 나가지 않는 경우 등) 건달들과 자르실은 폭력을 씁니다. 문 밖의 PC들이 안에 들어오려면 이동 행동을 한 번 써서 묵직한 문을 열어야 합니다. 자르실이 쇠뇌로 원거리 공격수나 주문 사용자를 노리고, 건달 둘이 적 하나씩을 맡습니다. 매표소에 있는 동안 자르실은 장갑과 신방이 +4 높기 때문에 기회 공격에 아랑곳않고 쇠뇌를 씁니다. 매표소 문을 억지로 열려면 난이도 20 판정으로 한 번 성공하거나 15 판정으로 두 번 성공해야 합니다. 판정 한 번에는 이동 행동이 1회씩 듭니다. 문을 열면 한 사람이 매표소에 들어가 장갑/신방 보너스를 무시하고 자르실을 공격할 수 있습니다. 건달들은 자기편 절반 이상이 쓰러지거나 자기 체력이 10 이하가 되면 도망칩니다 (밖으로 나가는지 안으로 들어가는지는 반반 확률).

PC가 4명이면 건달의 체력을 5씩 낮춥니다. 6명이면 정문에 건달을 둘 더 배치합니다. PC들이 전투 중에 무대 문을 열고 들어가려 하면 싸움은 더 힘들어집니다 (토르사, 지그문트, 파울로스가 1~2라운드 후 나타날 수 있습니다). 토르사 일당은 소란을 알아채면 대비를 하지만, 로비의 싸움에 끼어들지는 않습니다.

자르실 랄스 (하플링)

"놀려면 돈을 내야지, 친구!"

3레벨 궁수 [인간형]
행동 순서: +7

단검 +7 vs. 장갑 - 7 피해

원: 쇠뇌 +9 vs. 장갑 - 9 피해. 대상은 쇠약해집니다 (극복 가능).
  사용 제한: 전투마다 3회. 자르실은 꿈잎사귀 추출액을 바른 쇠뇌살 셋을 제일 먼저 씁니다. 그 후에는 상시 소형 쇠뇌 공격을 할 수 있지만, 쇠약 효과 없이 피해만 줍니다.

작은 몸집: 자르실은 기회 공격에 대해 장갑에 +2를 받습니다.

장갑 18 (22)
신방 16 (20)   체력 36
정방 14

건달

"돈부터 보여줘 봐!"

1레벨 병사 [인간형]
행동 순서: +3

곤봉 +5 vs. 장갑 - 7 피해
  순수 짝수 명중: 건달은 대상에게 자유 행동으로 머리 후려치기 공격을 할 수 있습니다.

[특수 발동] 머리 후려치기 +6 vs. 신방 - 대상은 어지러워집니다 (극복 가능).

장갑 17
신방 14   체력 29
정방 11

제13시대 - 엘돌란의 그림자들

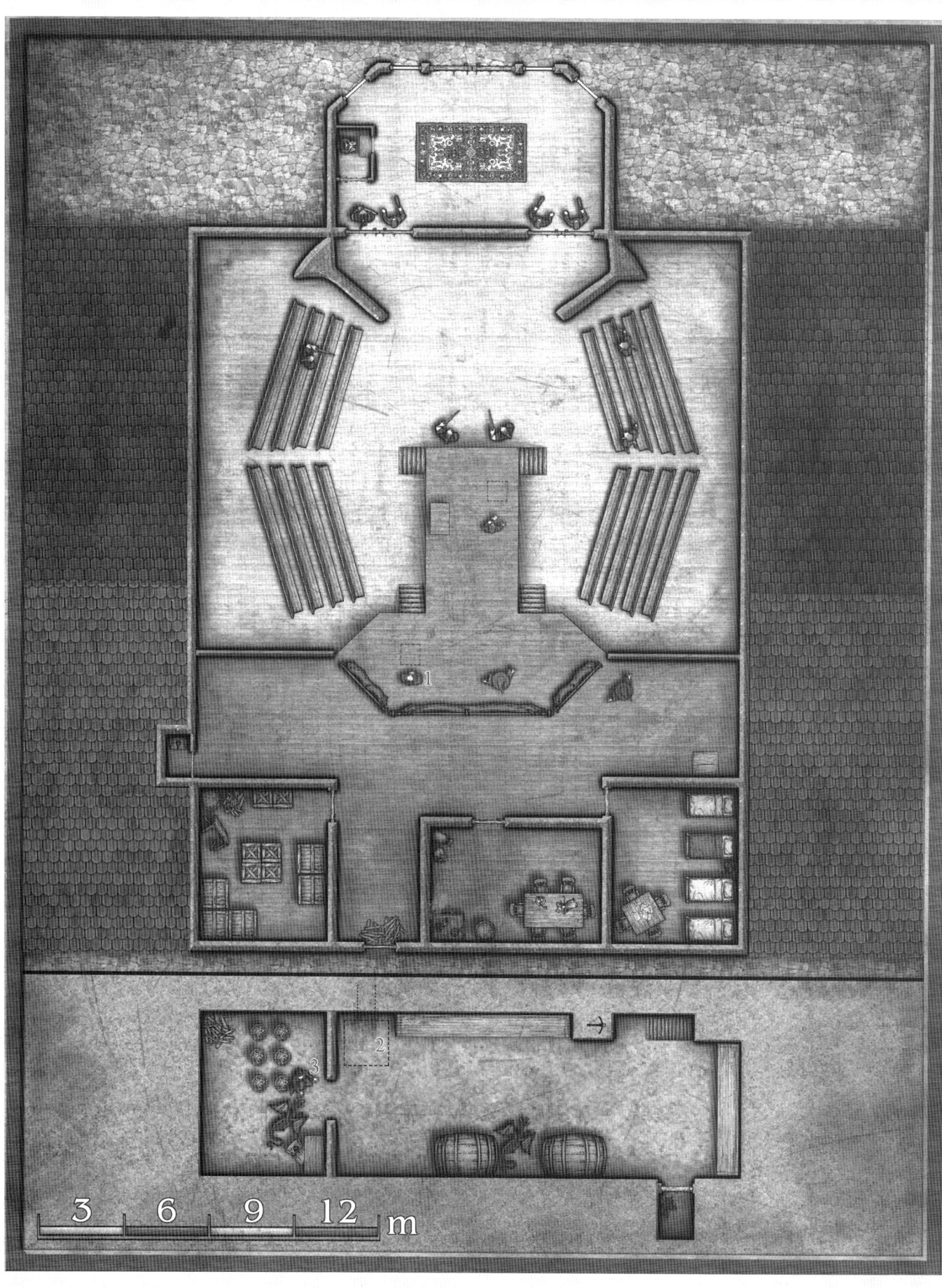

전리품: 건달 하나하나가 다양한 주화로 2d6 gp를 갖고 있습니다. 자르실의 매표소에는 200cp, 100sp, 50gp가 든 돈 상자가 있습니다. 꿈잎사귀가 든 작은 봉투도 10개 있습니다 (암시장에서는 하나에 3gp. 대마도사쪽 사람들에게 갖다 주면 그 절반).

그 후: 무대로 통하는 문은 닫혀 있지만 잠기지는 않았습니다. 싸움이 너무 시끄러웠거나 3라운드를 넘겼으면 토르사와 그 친구들이 문제를 느꼈을 것입니다. 무대 쪽으로 도망친 건달은 그쪽 집단에 합류합니다.

무대와 객석

무대는 나무로 되어 있고 T자 모양입니다. 그 위에는 약간 높은 받침이 있고, 배우들이 사용하던 무대 밑 통로로 가는 바닥문이 둘 있습니다. 통로는 무대 뒤로 통합니다. 객석은 긴 벤치가 네 줄씩 4조로 비좁게 놓여 있고, 괄호 모양으로 무대의 튀어나온 부분을 바라보도록 배치되어 있습니다. 무대 안쪽에는 먼지 낀 검은 커튼이 쳐 있는 아치 셋이 무대와 그 뒤 공간을 분리하고 있습니다. 무대 가장자리에는 밧줄과 소품들이 잔뜩 있습니다 (활극에 쓰기 좋습니다).

전술: 현재, 졸개 여섯 명 (인간 셋, 하프엘프 둘, 하플링 하나)은 먹고 마시고 도박을 하며 노닥거리고 있습니다. 토르사, 지그문트, 파울로스는 무대 뒤의 창고를 개조한 생활 공간 겸 식료품 창고에서 회의를 하고 있습니다. 로비에서의 싸움 때문에 경계를 하고 있다면, 이들은 모두 무대로 나옵니다. 토르사는 졸개 셋에게 벤치 사이에 숨으라고 시키고, 나머지 셋은 무대 앞쪽으로 보냅니다. 파울로스는 아치 뒤에서 쇠뇌를 들고 숨습니다. 토르사와 지그문트는 무대 안쪽으로 물러서 있을 것입니다. 로비에 신경을 쓰지 못한 경우, 무대에서 문제가 생기면 무대로 나타납니다.

토르사는 무대 장치를 방어용으로 개조해 놓았습니다. 그래서 매 라운드 일반 행동으로 지레를 밀거나 밧줄을 당기거나 해서 무대를 이용하여 공격할 수 있습니다 (천장에서 대들보가 떨어지거나, 마루 바닥판이 PC를 때리거나 등등). 전투 수치에 나온 무대 공격을 참조하십시오.

일이 잘 안 풀려서 토르사의 체력이 0이 되면, 바닥문 탈출 능력을 써서 지하실로 도망칩니다 (전투 수치 참조). 이 바닥문은 누가 밑바닥까지 떨어지면 닫히고 잠기게 되어 있습니다. 토르사가 도망치면 졸개는 매 라운드 자기 차례가 되었을 때 50% 확률로 도망칩니다. 지그문트와 파울로스는 어차피 자기들이 잡히면 탐구회의 손에 죽을 것을 알기 때문에 죽을 때까지 싸웁니다. 둘 다 같은 수치를 사용하지만, 체력은 따로 따지십시오. 쇠뇌는 파울로스만 갖고 있습니다.

PC가 4명이면 졸개를 셋 빼십시오. 여섯 명이면 무대 뒤의 아치를 통해 졸개 넷이 더 들어온다고 하면 됩니다.

무대의 음유시인

음유시인은 무대에 익숙하기 때문에 여기서도 더 잘 처신할 수 있습니다. 음유시인 PC는 토르사의 무대 공격에 대한 모든 방어에 +2 보너스를 받습니다. 또한 자기 차례가 시작될 때 극복 판정에 성공하면 자기가 그 차례에 일반 행동으로 무대 공격을 할 수 있습니다. 음유시인이 무대 장치를 이용한 특별한 액션을 하려 하면 +2 보너스를 주는 것도 좋습니다.

졸개

"우리 물건이 이 도시 제일이지!"

1레벨 조무래기 [인간형]
행동 순서: +3

단도나 몽둥이 +6 vs. 장갑 - 4 피해
 순수 18+: 이 전투에서 대상에게 가해지는 다음 번 공격에는 공격 판정과 피해에 +2가 붙습니다.

장갑 17
신방 15   체력 7 (조무래기)
정방 11

조무래기: 무리에 7 피해가 가해질 때마다 졸개 하나가 죽습니다.

지그문트/파울로스

"상관 없는 일에 코를 들이미니까 이렇게 되는 거다!"

2레벨 방해자 [인간형]
행동 순서: +8

날카로운 비수 +7 vs. 장갑 - 7 피해
 순수 16+: 대상은 3 피해를 더 입습니다.
 빗나감: 3 피해.

원: 소형 쇠뇌 +7 vs. 장갑 - 7 피해 (파울로스 한정)

더러운 수법: 지그문트나 파울로스는 동료와 접전중인 대상을 명중시켰을 때 +1d8 피해를 더 줍니다.

장갑 18
신방 15   체력 34
정방 13

제13시대 - 엘돌란의 그림자들

검은 이빨 토르사, 꿈팔이

"멍청한 놈, 살아서 돌아갈 수 있을 성 싶으냐?"

3레벨 리더 [인간형]
행동 순서: +6

소형 철퇴 +8 vs. 장갑 - 9 피해
  순수 16+: 대상은 어지러워집니다 (극복 가능).

접: 정제된 꿈잎사귀 가루 +7 vs. 신방 (자기와 접전중인 적 하나) - 3 정신 피해. 대상은 쇠약해집니다 (극복 가능)
  첫 번째 극복 실패: 대상은 쇠약 대신 혼란에 빠집니다 (극복 가능).
  사용 제한: 전투마다 2회. 짧은 행동.

접: 무대 공격 +7 vs. 신방 (단거리의 적 하나) - 6 피해. 대상은 다음 자기 차례가 끝날 때까지 고정되거나 어지러워집니다 (마스터가 선택).

두목의 수법: 토르사의 동료들은 토르사가 일으킨 상태 (혼란, 어지러움, 고정, 쇠약)에 걸린 적을 공격할 때 +2를 받습니다.

바닥문 탈출: 토르사는 체력이 0이 되었을 때 자유 행동으로 체력 5까지 치유를 하고 모든 상태 이상이 없어집니다. 그리고 자기 옆의 바닥문을 여는 지렛대를 당기고 그 안의 미끄럼틀에 뛰어듭니다. 토르사가 밑으로 도망치고 나면 문은 잠깁니다.

장갑 18	
신방 15	체력 48 (바닥문 탈출 참조)
정방 13	

전리품: 졸개 하나마다 1d4×10sp가 있습니다. 지그문트와 파울로스는 극장에 귀중품을 두지 않습니다. 파울로스는 신비의 지배자들이 입는 푸른 로브를, 지그문트는 색이 많이 바랜 점등사 길드 패치 (가로등 문양)가 어깨에 붙은 자주색 점등사 로브를 입고 있습니다. 파울로스의 옷을 벗기면 시체왕의 상징이 심장 위에 찍혀 있는 것이 보입니다.

그 후: 토르사가 바닥으로 도망치면 쫓기 어렵습니다 (지렛대는 작동하지 않고, 특별한 수가 없는 한 두꺼운 바닥문을 부수는 데에는 30초 정도가 걸립니다). 지하실로 통하는 계단은 무대 뒤에 있습니다). 토르사는 나중에 처리해야 할 것입니다.

지그문트와 파울로스

지그문트는 키가 크고 덩치 있는 인간 남자입니다. 얼굴에 곰보자국이 있고 덥수룩한 갈색 머리를 하고 있습니다. 목소리가 거칠고 말수가 적습니다. 파울로스는 쥐 같은 얼굴을 한 작은 인간 남자입니다. 눈이 부리부리하고, 지저분한 금발은 짧게 깎았습니다. 악당 같은 미소를 띠고 간단한 어휘로 말을 빠르게 하며, 말끝을 반복하는 버릇이 있습니다. 둘 다 낡은 로브 아래에 평상복을 입고 있습니다. 생포되어도 가라도스나 탐구회에 관해서는 함구합니다 (가둬 두면 안에서 갑자기 죽습니다).

무대 뒤의 창고들

무대 뒤에는 창고가 셋 있고, 화장실이 있습니다. 복도에는 잘 보이는 바닥문이 있고, 열어 보면 지하실로 내려가는 계단이 나옵니다. 창고 하나는 이곳이 극장이던 시절의 자재와 그 밖의 잡동사니가 있습니다. 나머지 둘은 생활 공간 겸 간단한 식당/부엌으로 개조되어 있습니다. 이곳에는 음식, 20gp가 든 주머니, 그리고 각각 암시장에서 30gp에 팔릴 만한 꿈잎사귀 주머니가 3개 있습니다 (대마도사쪽에 가져다 주면 그 절반 값).

극장 밖으로 통하는 뒷문도 있지만, 판자와 못으로 막혀 있습니다. 문 안쪽에는 건물 파편이 가득 쌓여 있습니다.

지하실

지하실은 세 구역으로 나뉘어 있습니다: 술통 방, 작은 벽돌 감방, 그리고 꿈잎사귀 창고입니다.

술통 방: PC들이 계단을 내려가든, 바닥문의 미끄럼틀을 타고 가든, 도착하는 곳은 술통 방입니다. 여기는 커다란 빈 술통 둘이 한쪽 벽에 놓여 있습니다. 이 술통은 원래 극장의 후원자들에게 대접할 술을 담아 놓던 곳이지만, 이제는 다른 용도로 쓰입니다.

전술: PC들이 계단으로 지하에 내려가면 삼중 쇠뇌 덫을 지나야 합니다. 방에 접어들기 전 마주치게 되는 계단 밑의 돌벽 뒤에는 장전된 쇠뇌가 셋 있습니다. 미리 발견하지 않으면 계단을 내려가는 첫 번째 PC는 바닥 근처에 설치된 발판을 밟게 되고, 그러면 돌벽의 구멍으로 쇠뇌살이 날아옵니다. **삼중 쇠뇌 덫:** 발판과 구멍을 찾으려면 난이도 15 (일부러 찾을 경우에만). +5 vs. 장갑 (계단 위에 있는 적 1d3명) - 1d10 피해.

주인공들이 지하실의 어디로 들어가든, 부상당한 토르사와 그 애완동물인 흑드레이크 두 마리가 싸우려고 대기하고 있습니다. 토르사는 체력을 절반 좀 넘게 회복했고, 창고로 통하는 아치 뒤에 드레이크 한 마리와 함께 숨어 있습니다. 나머지 드레이크는 토르사가 휘파람을 불어 공격 명령을 하기를 기다리며 술통들 사이에 숨어 있습니다. 방에 완전히 들어온 첫 번째 PC는 난이도 15의 통찰 판정에 성공할 경우 매복을 눈치챌 수 있습니다. 실패하면 술통 옆의 드레이크와 토르사가 PC들을 기습하여, 행동 순서 판정을 하기 전에 각각 한 번씩 공격합니다 (드레이크는 가장 가까운 PC에게로 이동합니다). 두 번째 드레이크는 토르사 근처에 있다가, 토르사에게 다가가는 PC를 가로막을 것입니다. PC들이 매복을 눈치챈 경우, 다음의 내용은 고쳐서 읽으십시오.

플레이어들에게 읽어 줍니다: 여러분은 극장의 지하실에 당도합니다. 한쪽 벽에는 지름 3m짜리 술통이 둘 있고, 한때 포도주 병이 쌓여 있었을 듯한 빈 선반들이 바닥에서 천장까지 줄지어 있습니다. 한쪽 구석에는 쇠빗장이 붙은 묵직한 나무 문이 있고, 반대쪽 벽에는 어두운 아치가 있습니다. 갑자기 아치에서 휘파람 소리가 들리고, 들쩍지근한 냄새가 방을 채웁니다. 그 뒤에 탱, 하는 쇠뇌 시위 소리가 들립니다. 그러더니 뭔가 검고 빠른 것이 시익거리는 소리와 함께 그림자 속에서 뛰쳐나옵니다.

토르사는 PC들이 자기 물건을 뺏으러 온 경쟁자들이라고 생각하고 있으며, PC들이 당신에게 용무가 없다고 설득하여 성공하지 않는 한 죽을 때까지 싸울 것입니다. 그러나 전투가 끝나갈 무렵 일이 악화됩니다. 파울로스는 가라도스와 시체왕을 섬기는 과정에서 무서운 의식을 치렀습니다. 죽으면 얼마 되지 않아 와이트로 변하게 되는 것입니다 (그때까지는 그냥 죽은 것으로 보입니다). 토르사의 체력이 0이 된 (또는 항복한) 다음 라운드에, 와이트 파울로스가 무대의 바닥문을 통해 방에 들어옵니다. 토르사가 항복하려는 참이면 와이트는 첫 공격으로 토르사의 목을 찢습니다 (판정 없음). 아니면 와이트는 PC들 중 가장 체력이 낮은 캐릭터 또는 사제를 공격합니다 (기세가 사나워 첫 공격에는 +2 보너스가 붙습니다). 파울로스는 첫 번째 목표를 쓰러뜨리는 것을 우선순위로 삼되, 기회 공격을 감수하지는 않습니다.

와이트 파울로스는 메마른 언데드 목소리로 PC들을 도발하며, PC들이 "이해하지도 못하는 강대한 힘에게 거역하고 있다"고 말합니다. 시체왕을 섬기는 것으로 보이는 PC가 있는 경우, 파울로스는 그 PC를 공격하지 않고 오히려 도와달라고 합니다. PC가 4명뿐이면 드레이크 하나를 제거합니다. PC가 6명이면 토르사의 체력을 완전히 회복합니다.

흑드레이크
이빨 부딪치는 소리

2레벨 병사 [짐승]
행동 순서: +5

딱딱거리는 입 +7 vs. 장갑 - 6 피해
    순수 16+: 대상은 3 지속 산 피해를 입습니다.

산성 피: 드레이크가 비틀거리고 있는 동안, 적은 자기 차례가 되었을 때 드레이크와 접전중이면 2 산 피해를 입습니다.

장갑 18	
신방 16	체력 36
정방 11	

부상당한 토르사
"너희들은 대체 뭐 하는 놈들이야?"

3레벨 리더 [인간형]
행동 순서: +6

가벼운 철퇴 +8 vs. 장갑 - 9 피해
    순수 16+: 대상은 어지러워집니다 (극복 가능).

원: 대형 쇠뇌 +8 vs. 장갑 - 11 피해
    순수 짝수 명중: 토르사가 드레이크 하나에게 휘파람으로 명령을 내려, 그 드레이크가 자유 행동으로 딱딱거리는 입 공격을 할 수 있습니다.
    순수 홀수 명중: 대상은 5 지속 피해를 입습니다.

두목의 수법: 토르사의 동료들은 토르사가 일으킨 상태 이상 (혼란, 어지러움, 고정, 쇠약)에 걸린 적에 대해 +2 공격 보너스를 받습니다.

장갑 18	
신방 15	체력 30
정방 13	

와이트 파울로스
"주인님께서 곧 너희도 지배해 주실 거다!"

4레벨 방해자 [언데드]
행동 순서: 토르사가 죽거나 항복한 후, 라운드마다 누구보다도 먼저 행동합니다.
취약: 신성

생명을 뽑는 손톱 +9 vs. 장갑 (2회 공격) - 5 피해
    순수 짝수 명중 또는 빗나감: 와이트가 비틀거리지 않는 한, 이 공격은 5 지속 음 에너지 피해를 함께 줍니다.

초인적인 운신: 전투마다 2회 (한 라운드에는 한 번), 와이트 파울로스는 자유 행동으로 몸을 부자연스럽게 비틀어 그 차례의 물러서기 판정에 +5 보너스를 받을 수 있습니다.

장갑 20	
신방 16	체력 45
정방 13	

전리품: 토르사는 양손 엄지 손가락에 30gp짜리 은 반지를 하나씩 끼고 있습니다. 목에는 은으로 된 곰 발톱이 달린 은 목걸이를 하고 있습니다. 마법적인 **곰 발톱 목걸이** (코어북, p.289) 입니다. 토르사의 나머지 재산은 꿈잎사귀 창고에 있습니다.

벽돌 감방: 감방으로 통하는 문은 두꺼운 나무로 되어 있고 바깥에 무거운 쇠빗장이 걸려 있습니다. 안은 비어 있습니다. 가로 1.2m 세로 2m로 좁고, 피와 분뇨 냄새가 납니다. 문에 난 손톱 자국과 안의 상태로 보아, 최근까지 누가 있었음이 확실합니다.

꿈잎사귀 창고: 가로 6m 세로 4.5m짜리 방입니다. 한쪽 벽에는 탁자와 의자가 있고, 건조 중인 꿈잎사귀가 여섯 줄로 천장에 매달려 있습니다. 이틀 정도 말리면 암시장에서 한 줄당 50gp씩에 팔 수 있습니다 (대마도사쪽에 넘기면 역시 반값).

제13시대 - 엘돌란의 그림자들

그 후: 책상에는 잉크, 깃펜, 30gp가 든 주머니, 그리고 토르사의 사업 장부가 있습니다. 한 부분에는 "기타 수입" 항목 아래에 지난 한 달간 세 번 돈이 들어온 기록이 있습니다. 내용은 "감방 사용료 및 시체 배달료"로 되어 있고, 지급인은 파울로스로 되어 있습니다. 그 옆에는 토르사가 적어 놓은 글귀가 있습니다.

"부두 구역에서 부랑자를 비싼 값에 산다는 아에르토에 관한 소문을 조사할 것. 다른 구매자가 있으면 파울로스와 그 두목에게 돈을 더 받을 수 있겠지. 하지만 아에르토도 같은 편이라면?"

이미 다음 단계로 넘어갈 준비가 되었다면, 돈을 준 사람을 안장 구역 점등사 길드의 아를리사 덴트로 바꾸어도 좋습니다.

단서 2:

아에르토와 시체들, 부두 구역

아에르토라는 자가 부두 구역에서 갓 죽은 시체를 비싼 값에 사들이고 있습니다.

부두 구역

부두 구역은 엘돌란에서 비교적 위험한 곳입니다. 항구가 있고, 창고, 어업 및 생선 가공 시설, 그리고 도시에 방금 도착한 선원과 여행자들이 머무르는 어두침침한 여관과 주점들이 있습니다. 이곳에 관해서는 끔찍한 이야기들이 많습니다. 선원들이 과장하는 경향도 있기는 하지만, 사실도 섞여 있습니다. 부두 구역에는 유동 인구가 많아서 이런 이야기들의 진위를 확인하기 힘듭니다. 은방패대는 최근의 사건 뒤로 야간 순찰을 완전히 중단했습니다. 하지만 낮에는 아직 주요 도로를 순찰합니다.

이곳에는 큰 배들이 들어올 수 있는 주된 부두가 셋이 있습니다. 작은 배들을 위한 짧은 부두도 많습니다. 만에 위치하고 있기 때문에, 어부들은 때때로 부두에서 떨어진 해안에 닻을 내리고 헤엄을 쳐서 오가기도 합니다. 항구 근처에는 해산물을 파는 노점들이 많이 있고, 그 중간 중간에 여행자들에게 각종 물건을 파는 상인들이 있습니다.

이곳에는 온갖 종족의 선원들이 다 오지만, 그 밖에도 배에서 짐을 내려 창고로 운반하는 드워프 노동자들이 많습니다. 난폭하고 거친 사람들입니다. 주점과 여관도 몇 곳이 있어, 선원, 여행자, 현지인을 모두 상대합니다. 이런 가게들도 난폭한 경향이 있지만, 큰 곳은 그래도 여행자들이 엘돌란에서의 첫날을 보낼 정도로는 얌전합니다.

아에르토

아에르토는 수상한 일들을 도맡아하는 하프엘프입니다. 온갖 종류의 불법적인 거래에서 거간꾼 역할을 합니다. 탐구회의 회원으로서 물품 조달을 담당하고 있지만, 이 사실은 잘 숨기고 있습니다. 아에르토는 다크엘프의 자식이고, 다크엘프 문화의 잔인함을 갖고 있습니다. 그러나 거짓말을 잘 해서 그 특징 또한 잘 감춥니다. 낮고 부드러운, 거의 속삭이는 듯한 목소리의 소유자이며, 항상 자기 처지를 향상할 길을 찾고 있습니다.

부두 구역과 표상들의 관계

지난 몇 개월 동안, 누군가가 부두 구역에 기묘한 금화를 조금씩 풀어 왔습니다 (어쩌면 악귀술사의 하수인들). 이 금화는 만지면 기름이 낀 것 같고, 상어 머리 문양이 찍혀 있지만, 금의 함량은 높습니다. 처음에는 아무 불만 없이 받아들여졌지만, 이 구역을 오가는 선원들 사이에 이 금화들이 저주받았다는 소문이 돌고 있습니다. 내륙해에서 건져 낸 사후아긴의 보물이라는 것입니다. 이 금화를 갖고 있는 사람에게는 실제로 불운한 일이 많이 일어났습니다. 어쩌면 소문이 사실인지도 모릅니다.

한편 부두의 창고 주인들 (황제)은 이 "상어 금화"를 드워프 노동자들 (드워프 왕)에게 떠넘기려고 하고 있습니다. 부상과 사고가 빈발하자 드워프들은 이 금화를 받지 않겠다고 했고, 임금 분쟁이 일어났습니다. 뿐만 아니라 어떤 사람들은 상어 금화의 인기가 높던 시절 가짜 상어 금화를 만들었는데 (그림자 대공), 더 이상 부두 구역에서는 유통을 시킬 수가 없게 되었습니다. 그래서 상어 금화를 가진 사람들은 이 지역에 처음 오는 사람들에게 싼 값에 넘기려 하고 있습니다. PC들이 저주받은 금화를 손에 넣어 불운을 겪거나, 이 구역의 주점에서 쓰려다가 문제가 일어날 수도 있을 것입니다.

아에르토가 탐구회에 들어간 것은 2년 전이지만, 가라도스의 프로젝트에 필요한 "재료" (시체)를 조달하기 시작한 것은 최근의 일입니다. 처음에는 골목에서 재수 없이 객사한 선원이나 여행자의 시체였습니다. 최근에는 가라도스가 시신을 더 많이 필요로 하여, 아에르토 또한 더 적극적으로 나서고 있습니다. 이제는 죽지 않아도 기절했거나 움직이지 못하기만 하면 납치해 갑니다.

그러나 최근, 아에르토에게 또 다른 돈벌이 기회가 찾아왔습니다. 악귀술사의 사교도들이 아에르토를 찾아와 자기들의 의식에 쓸 인간형 종족의 시체를 공급해 달라고 한 것입니다. 이 때문에 일은 더 위험하게 됐지만, 아에르토는 이 김에 돈을 만져보기로 했습니다. 혹시라도 은방패대가 냄새를 맡을 경우, 탐구회가 빠져나갈 구멍을 만들어 줄 것이라고 생각했기 때문입니다. 그래서, 아예 무연고 시체가 있을 때 경비대에 연락하지 않고 자기한테 팔면 돈을 벌 수 있다는 소문까지 냈습니다.

아에르토 찾기

아에르토를 찾으려면 발품을 좀 팔아야 합니다. 어둠 속에서 일하고 꽤 조심스럽기 때문입니다. 그러나 시체를 구하기는 해야 하기 때문에, 그 목적이라면 자기가 모르는 사람과도 만납니다. PC들은 항구의 주점과 여관, 선원과 부두 노동자가 가득한 부두, 어쩌면 이곳의 뒷골목과 창고들을 돌며 아에르토를 찾아야 할 것입니다.

NPC들과 대화할 때는 매력 (교섭, 허풍)이나 근력 (위협), 그 밖의 적절한 판정을 사용할 수 있습니다. 난이도는 15이고, 서로 다른 NPC를 상대로 총 3회 성공해야 합니다 (여러 PC들이 나누어서 할 수 있게 해도 좋습니다). 그러면 아에르토의 현재 위치를 알 수 있습니다.

그림자 대공, 드워프 왕, 악귀술사는 이 구역에 영향력이 있기 때문에, 이 표상들과 관계가 있는 PC는 표상 관계 판정을 할 수 있습니다. 6이나 5가 나오면 실패한 판정을 다시 할 수 있습니다 (누군가가 정보를 나서서 제공합니다). 아니면 한 번 성공한 것으로 칠 수 있습니다 (추가로 NPC와 대화하기는 해야 합니다). 그러나 5가 나온 경우에는 조사 도중 취한 드워프 노동자들이 시비를 거는 등, 뭔가 문제를 겪습니다 (캐릭터들의 이야기에 맞는 것으로 제공하면 좋습니다).

판정 결과에 따라 (그리고 실패 횟수에 따라), PC들의 아에르토 찾기는 몇 시간에서 며칠까지도 걸릴 수 있습니다. (실패를 해도 찾기는 하겠지만, 실패를 세 번 하면 아에르토의 귀에 누가 자기를 찾고 있다는 이야기가 들어갑니다. 아에르토는 미리 거짓말을 준비해 둘 것입니다. 아에르토의 준비된 거짓말을 알아채는 난이도는 25입니다.) PC들이 세 번째 성공을 하면, 시간을 해가 진 뒤로 잡고, NPC가 PC들에게 아에르토를 15분 전에 꼼지락대는 인어 주점에서 보았다고 말해 줍니다. 물론, 원하면 주사위를 굴리지 않고 NPC와의 대화를 플레이해도 됩니다. 팀에 맞는 쪽으로 하십시오.

다음은 PC들이 만날 법한 NPC들 몇 명입니다. 순서를 섞어도 좋고, 이밖에 다른 NPC들을 만들어내도 됩니다. 이들은 마스터가 원하는 표상과 관계가 있을 수도 있고, 없을 수도 있습니다:

- **미칼 오를레비**: 미칼은 인간 건달이자 음유시인이고, 부두의 주점 곳곳을 전전하며 공연을 합니다. 날씬한 빨간머리이며, 걸을 때 다리를 조금 접니다. 원래는 뉴포트 사람이고, 엘돌란에 산 지는 2년이 되었습니다. 그러나 낡은 옷과 류트를 보면 기대한 만큼 돈을 벌고 있지는 못한 듯합니다. 미칼은 기운찬 돌고래 주점에서 만날 수 있고, 돈을 약간 주면 아에르토를 본 적이 있는 장소 3~4곳을 가르쳐 줄 것입니다.

- **비도 말리스**: 말리스는 본명이 아닌 듯하지만, 본명을 아는 사람은 없습니다. 새까만 머리를 아주 짧게 깎은 하플링 여자입니다. 범상치 않은 분위기를 풍기는 것은 용 문신 때문인지도 모릅니다. 나이는 30대 정도로 보이고, 검은 가죽 바지에 딱 맞는 녹색 가죽 조끼를 입고 있습니다. 한 줄짜리 멜빵에 날카로워 보이는 칼을 몇 개 꽂고 다닙니다. 말리스에게 위협은 통하지 않지만, PC들이 아에르토에게 해코지를 할 생각이면 "좋은 술 한 잔"에 아에르토가 자주 다니는 곳들을 알려 주겠다고 합니다. "빚이 있다"고 합니다. 말리스는 야성의 파도 여관의 술방에 있습니다.

- **오크잡이 트라반**: 트라반은 무뚝뚝한 드워프입니다. 한때 갈색이었던 머리가 이제 거의 흰색이 되었습니다. 흉터가 많고, 오른쪽 귀가 없습니다. 척 봐도 닳고 닳은 용병임을 알 수 있습니다. 트라반은 하프오크와는 대화를 하지 않고, 엘프들에게는 일부러 무례하게 굽니다. 그러나 몇 주 전 아에르토에게 고용된 적이 있어서, 아에르토가 자주 들르는 술집들을 알고 있습니다. 몇 푼만 주면 알려 주겠다고 합니다. 드워프가 술을 한 잔 사면 공짜로 가르쳐 줍니다. 드워프 맥주 가게인 드워프들의 집에서 트라반이 옛 군가를 부르는 모습을 발견할 수 있습니다.

- **반짝눈 탈리나**: 탈리나는 금발의 하프엘프 여자입니다. 나이는 따지기 어려운 "중년"입니다. 서쪽 바람 주점에서 바텐더로 일하고 있습니다. 주점에 들어오는 사람들에게 미소를 띠고 반갑게 맞이하지만, 어느 선원에게도 지지 않을 정도로 입이 걸고, 자기 술집이나 종업원들에게 시비를 거는 사람에게는 불 같이 화를 냅니다. 문제가 일어나면 손님들은 거의가 탈리나의 편을 들 것입니다. 우드엘프를 좋아하지만, 하이엘프에게는 세 마디 이상 말을 않습니다.

- **지그스**: 지그스는 지저분하고 우중충한 노움 노인입니다. 눈빛에 광기가 서려 있습니다. 한때는 모험가였지만, 지하계에서 뭔가를 만나 약간 정신이 나갔습니다. 이제는 항구에서도 시끄럽고 난폭한 가게인 뱃사람의 쉼터 주점에서 잔심부름을 하고 있습니다. 쉼터의 손님들은 지그스를 농담거리, 장난거리 마스코트로 삼고 있지만, 그래도 자기들 마스코트이기 때문에 모르는 사람이 그렇게 굴면 안 좋게 볼 것입니다. 지그스는 마실 것을 나르고, 술잔을 치우고, 심부름을 다니면서 멍청한 미소를 짓습니다. 그러나 지그스도 보고 듣는 것이 있습니다. 친절하게 대해 주면 "조금 전에 아에르토를 봤다"는 이야기를 빙빙 돌리고 쓸데없는 세부 사항을 곁들여 합니다. 하지만 지그스에게 "조금 전"은 10분 전일 수도, 열흘 전일 수도 있습니다.

부두에서의 다툼

아에르토를 찾는 도중, PC들이 기능 판정에 한 번 실패할 경우 (또는 표상 관계 판정에 5가 나올 경우) 문제를 겪게 됩니다. 이 문제는 주인공들에게 시비를 거는 술 취한 드워프 부두노동자들의 무리입니다. (PC들이 문제를 일으키고 있는 경우, 지금 대화하고 있는 NPC와 관계된 집단이 나타날 수도 있습니다. 예를 들어 기운찬 돌고래 주점의 건달들, 야성의 파도 주점의 하플링 도적들, 맥주집의 드워프 부두노동자들, 서쪽 바람의 각종 손님들,

뱃사람의 쉼터 주점의 선원들 등이 가능합니다. PC의 표상 관계와 한 가지 특별한 것에 더 어울리는 상대가 있다면 그렇게 바꿔 보십시오. 수치는 드워프 노동자들을 그대로 사용해도 됩니다.

PC들이 항구를 돌아다니며 아에르토를 찾고 있으면 (이른 저녁이 가장 좋습니다), 한쪽에는 바다, 다른 쪽에는 긴 생선 가공 공장이 있는 길을 건너게 됩니다. 반대쪽에서는 근무를 마친 드워프 노동자 여섯 명이 술에 취해서 다음 술집으로 가고 있습니다. PC들이 길을 건너기 시작하자, 드워프 하나가 어느 PC가 들고 있는 마법 물품을 보고, 제대로 관리되지 않고 있다고 여깁니다. 드워프가 PC의 앞을 가로막고 서서 손가락질을 하며 말합니다. "야, 그런 훌륭한 [물품]을 그따위로 가지고 다니고서 네가 주인이 될 자격이 있냐? 부끄러운 줄도 모르냐?"

이 단서를 추적하는 과정에서 표상 판정에 5가 나왔거나 기능 판정에 실패한 캐릭터를 고르는 것이 가장 적절합니다. PC들에게 마법 물품이 없으면 평범한 물건에 대해서 시비를 겁니다. 그러면 다른 드워프들도 끼어들고 상황이 험악해집니다. 드워프들을 달래고 말로 빠져나오려면 그 물품을 가진 캐릭터와 또 다른 캐릭터가 각각 난이도 18의 기능 판정에 성공해야 합니다. 실패하거나 누가 드워프들을 모욕하면 (또는 드워프들이 모욕으로 받아들이면) 저쪽이 먼저 덤벼듭니다 (주먹 한 방 정도를 먼저 때리고 시작할 수도 있습니다).

물론 이 시점에서 전투를 하고 싶다면 PC와 관계가 있는 표상의 적이 드워프들에게 돈을 주고 PC들을 방해하라고 했을 수도 있습니다. 마법 물품의 관리 소홀은 그냥 핑계인 것입니다. 이 경우에는 어떻게 되건 싸움이 됩니다. 드워프들을 심문하면 누가 돈을 줬는지 말을 할 수도 있고 못 할 수도 있습니다. 마스터가 정보를 얼마나 전하고 싶으냐의 문제입니다.

전술: 법을 집행하는 은방패대가 밤에는 부두 구역에서 철수하게 되었기 때문에, 드워프들은 주먹은 쓰지 않습니다. 몽둥이, 술잔, 벽돌, 마침 굴러다니던 각목 등, 둔기로 쓸 만한 것이면 뭐든지 사용합니다. (PC들이 드워프들을 죽이지는 않겠다고 하면, 드워프들도 의식을 잃은 사람을 공격하지는 않습니다.)

부두쪽 바다는 물이 충분히 깊기 때문에 뛰어내리거나 떨어져도 다치지는 않습니다 (수영만 할 수 있으면 됩니다). 부두로 도로 올라오는 약 3m의 나무 사다리가 있습니다.

PC가 넷밖에 없으면 노동자 한 명을 제거합니다. 여섯 명이면 두 명을 추가합니다.

드워프 노동자

"저 때하고 피 잔뜩 묻은 것 좀 봐!"

1레벨 병사 [인간형]
행동 순서: +3

무기 대용품 +6 vs. 장갑 - 6 피해

- 순수 16+: 드워프가 대상을 밀치고 이탈합니다. 대상이 부두 가장자리에 있으면 보통 극복 판정을 합니다. 실패하면 바다에 떨어지고, 이동 행동 두 번을 써야 도로 올라와서 싸움에 낄 수 있습니다.

- 술 취한 싸움꾼들: 드워프 노동자는 대성공에 맞으면 어려운 극복 판정 (16+)을 합니다. 성공하면 보통 피해만 입습니다 (너무 취해서 눈치를 못 채는 것입니다).

독한 특수능력
PC들이 점진적 성장을 몇 차례 한 상태에서 이 전투가 일어나면 노동자들에게 다음 능력을 주는 것도 좋습니다:

- 운 좋은 휘둘러 치기: 무기 대용품으로 순수 홀수 명중이 나오면 대상은 즉시 보통 극복 판정을 합니다. 실패하면 대상은 의식을 잃습니다 (극복 가능).

장갑 17	
신방 16	체력 30
정방 10	

전리품: 드워프 노동자들은 그날의 임금밖에 갖고 있지 않습니다. 각각 은화와 동화로 2d10 sp가 있습니다.

그 후: PC들이 어느 한쪽이 죽을 때까지 싸우기로 하면, 이겨도 오히려 안 좋을 수 있습니다. 비록 저쪽이 먼저 시비를 걸었다고는 해도, 이 구역의 드워프들이 곱게 보지 않을 것입니다. 드워프에 관련된 모든 일의 난이도가 3 높아집니다. 드워프들이 돈을 받고 PC들에게 싸움을 걸었다면, 청회색 마법사 로브를 입은 남자가 각각 1gp씩 주고 시켰다고 합니다 (전리품도 6gp 늘어납니다). 후드를 눌러쓰고 있어 얼굴은 보지 못했습니다.

술집 난투의 진행

PC가 부두 구역의 술집들에서 싸움을 일으키고 싶어할 수도 있습니다. 정식으로 전투를 진행하고 싶지 않다면, 다음과 같이 단순화해 보십시오.

PC들이 술집 난투를 시작한다면 다른 손님들에게 도발을 당했건, 누군가의 마법 물품 기벽이나 한 가지 특별한 것 때문에 그렇게 되었건, 단지 몸이 근질근질할 뿐이건 간에 기능 판정을 하십시오. 첫 주먹이 날아갔을 때 각 플레이어에게 자기 캐릭터가 그 싸움에서 어떻게 할지를 듣고 그에 따라 판정하게 합니다. 남들을 두들겨 팬다면 근력, 맞고 버틴다면 건강, 공격을 피한다면 민첩성, 전술을 활용한다면 지능, 적의 약점을 찾는다면 통찰, 적의 주의를 돌린다면 매력 등입니다. 난이도 15면 충분할 테지만, PC들이 너무 무모한 상황을 만들었다면 더 높아도 좋습니다. 판정 결과가 무엇이건 싸움에서는 이기지만, 판정에 실패한 캐릭터는 원기를 하나 잃습니다.

그리고 PC들 중 누가 무기를 꺼내거나 사용하면 이것은 술집 난투가 아닌 정식 전투가 되고, 적들도 무기를 뽑을 것입니다 (드워프 노동자 수치를 사용하되, 이 사람들은 무기까지 꺼내고 싶어하지는 않는다는 점을 확실히 하십시오).

아에르토와 시체들, 부두 구역

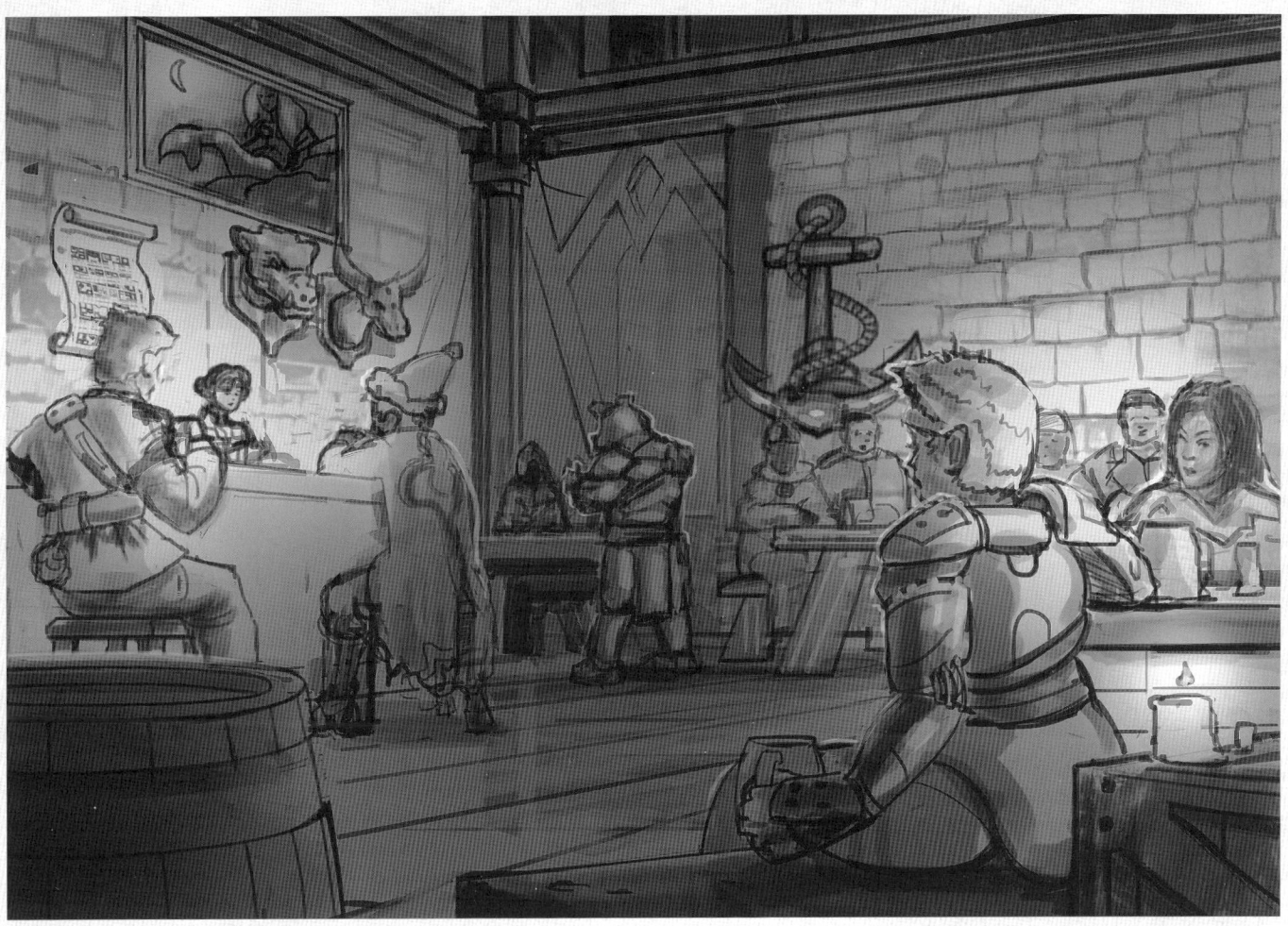

아에르토 만나기

이 구역에 있는 사람들과 대화를 마치면 (즉, 세 번째 판정 성공을 하면), PC들은 아에르토가 꼼지락대는 인어 주점에 있다는 사실을 알게 됩니다. PC들이 도착하면 아에르토는 내부에서 사업 상의 대화를 하고 있습니다. PC들이 아에르토를 발견하는 것은 저녁 무렵입니다.

꼼지락대는 인어

꼼지락대는 인어는 항구 동쪽 가장자리에 위치한 음침한 주점입니다. 암시장 상인들과 어두운 곳을 좋아하는 자들이 들락거립니다. 부두 위에 지어진 2층짜리 목조 건물이고, 1층은 마구잡이로 확장하여 바다까지 비어져 나간 부분도 있습니다. 덕분에 구석과 곁방도 많아, 남의 귀를 너무 걱정하지 않고 대화를 할 수 있습니다. 정문 외에도 출구가 최소 넷은 됩니다.

주점의 주인은 하이엘프 여자 스칼렛 일라스입니다. 이마에 골이 파이도록 얼굴을 찌푸리고 있고, 시선이 험악하여 난동을 부리려던 손님도 길거리로 도망칠 정도입니다. 옛날에는 배의 선장이었다고 하고, 해적질도 약간 했다는 듯합니다. 주점은 험악하지만 내륙해 주변 곳곳에서 가져온 특이한 미술품들이 신비한 분위기도 자아내고 있어, 마치 스칼렛의 성격을 반영하는 듯합니다. 꼼지락대는 인어는 값이 비싸지만 좋은 술을 팝니다. 한편 "싸구려"라 불리는, 문자 그대로 싸고 약한 맥주도 팝니다. 그리고 보통은 간단하면서도 놀랍게 향기로운 생선 스튜가 솥에서 끓고 있습니다.

아에르토 심문

PC들이 주점에 들어갔을 때, 아에르토는 방의 뒤쪽 구석에서 목살이 늘어진, 마치 개 같은 얼굴을 한 인간 남자와 대화를 하고 있습니다. PC들이 아에르토가 어디 있는지 물으면 스칼렛은 아에르토쪽으로 고개를 끄덕이고는 말합니다. "우리 가게에서 소란은 피해 줘. 얌전히 하지 않으면 만으로 보내 버릴 테니까." 단순히 말로만 하는 협박이 아니라는 점을 PC들에게 각인시키십시오. PC들이 스칼렛을 윽박지르거나, 모욕하거나, 술집이나 종업원에게 폐를 끼치면 (손님들 사이에 다툼이 일어나면 스칼렛은 밖에서 하라고 내보냅니다), 스칼렛도 수가 있습니다. PC들이 물러나지 않으면, 휘파람을 불더니 PC들 버릇을 고쳐주는 것을 돕는 사람에게 일주일 간 무료로 술을 주겠다고 합니다. 그러면 수상한 손님들이 일어날 것입니다 (p.32 박스 참조).

아에르토는 자기 이름이 들리면 눈치를 채지만, 사람 상대가 전문이기 때문에 은방패대처럼 생기지만 않았으면 대화에 응합니다. PC들이 시체 이야기를 어떻게 꺼내느냐에 따라, 아에르토는 입을 금세 닫아버릴 수도 있고, 최근 죽은 사람이 어디 있는지 혹시 알고 있으면 괜찮은 돈을 벌 수 있다는 이야기를 빙빙 돌려서 할 수도 있습니다. 아에르토를 안심시키거나 시체 거래 이야기로 화제를 옮기려면 난이도 15의 매력 판정이 필요할 수도

31

있습니다 (허풍이나 교섭). 팀이 NPC와의 대화를 좋아하면 판정 없이 롤플레이로만 해결해도 좋습니다.

시체로 무엇을 하는가에 관한 질문이 되면, 아에르토는 말을 하지 않습니다. 그건 자기 사정이며 그런 질문은 사업에 좋지 않다고 일축합니다. PC들이 말 실수를 하면 아에르토는 PC들이 시체를 팔러 온 것이 아님을 의심하며, 말을 바꾸어 시체 소문은 오해라고 합니다. 자기는 물건을 구하는 데 전문가이고, 옛날에 그런 거래도 했던 적이 있을지 모르지만 이제는 아니라고 합니다. 그리고 떠납니다.

시체를 팔겠다는 의향을 충분히 보이면, 아에르토는 흥정을 시작합니다. 한 구에 10~15gp로 가격을 부릅니다. PC들이 실제로 시체를 주면, 아에르토는 시체를 사교도들의 창고 (아래 참조)로 운반할 것입니다. 미행하는 것도 가능합니다.

PC들이 시체의 용도에 대해서 계속 묻고, 폭력을 써서라도 대답을 들으려는 것 같으면, 아에르토는 비장의 수를 씁니다. 탐구회에 관해서는 아무 말도 안 하고 사교도들 이야기를 하는 것입니다. 더 설득력 있게 하기 위해 돈을 요구할 수도 있습니다. 자세한 내용은 이렇습니다. 몇 주 전, 제스킬이라는 남자가 나타나 갓 죽은 시체를 넘겨 주면 군말 없이 돈을 주겠다고 했다는 것입니다. 그래서 소문을 퍼뜨렸다고 합니다. 아에르토는 제스킬이 있는 곳 (부두 구역의 동쪽 가장자리, 학교 구역의 절벽 아래에 있는 낡은 벽돌 창고)을 마지못해 가르쳐 주는 시늉을 합니다. 그리고 자기는 더 아는 것이 없다고 합니다 (거짓말을 하도 잘 하기 때문에, 뭔가 숨기고 있다는 것을 알아채려면 난이도 20의 판정에 성공해야 합니다). PC들이 이의를 제기하면, 아에르토는 제스킬이 악귀술사의 하수인인 것 같다고 이야기합니다 (거래할 때 우연히 들은 내용입니다). 그래도 PC들이 믿지 않으면 더 이상 말을 하지 않습니다. PC들보다 가라도스가 더 무섭기 때문입니다.

여기까지 오면 아에르토는 PC들에게서 벗어나기 위해 협조적이 됩니다. PC들이 요청하면 창고까지 안내도 할 수 있지만, 기회가 되는 대로 빠져나가 다음 몇 주 동안 안전한 곳에 숨을 것입니다. 사교도들이 이기면 보복을 피해야 하고, PC들이 이기면 추가 질문을 피해야 하기 때문입니다.

아에르토가 PC들을 안내하건, 위치를 가르쳐 주었건, PC들이 사교도들의 창고에 도착하는 것은 밤 늦게라고 하십시오.

악귀술사의 사교

아에르토의 거짓 정보 덕분에, PC들은 악귀술사 숭배자들의 주의를 끌게 됩니다.

사교도들의 창고

창고는 2층짜리 벽돌 건물입니다. 학교 구역과 부두를 나누는 바위 절벽 옆에 세워져 있습니다. 바깥에서 보면 내륙해 곳곳에서 항구로 들어오는 곡물과 그 밖의 식료품을 저장하는 평범한 창고 같습니다. PC들이 기다렸다가 낮에 오면 제스킬과 다른 사교도들은 단순히 상품을 운반하는 노동자로 보일 것입니다. 유일하게 특이한 점은 일을 늦게 시작하고 늦게 끝낸다는 것입니다.

창고에는 출입구가 둘 보입니다. 하나는 수레가 지나갈 수 있을 만한 큰 쌍여닫이 문이고, 그 옆으로 작은 문이 하나 있습니다 (p.33 지도 참조). 지붕을 따라 좁은 창문들이 줄을 지어 거리를 내려다 보고 있습니다. 이 창고의 높이는 7.5m 정도이고, 외부에서는 잘 보이지 않겠지만 2층이 건물의 반밖에 차지하지 않아 1층에서도 서까래가 잔뜩 있는 것이 보입니다. 반쪽짜리 2층은 사무실과 다락이 있습니다. 다락에는 밧줄과 도르래가 있어서 1층에서 물건을 끌어올릴 수 있게 되어 있습니다.

1층의 한쪽 구석에는 나무 탁자가 하나 있고, 사교도들은 여기서 식사를 하고 출입구를 감시합니다. 절벽 쪽의 벽에는 작은 지하실로 내려가는 계단이 있습니다. 창고 바닥은 상자나 통과 같이, 식량 창고에 어울리는 용기들로 가득합니다.

진상

이 창고는 세금도 내는 사업체이지만, 사교도들의 진짜 목적은 악귀를 소환해서 풀어 놓아 엘돌란에 혼돈을 일으키는 것입니다. 자기들이 벌이는 끔찍한 의식을 숨기기 위해, 사교도들은 절벽의 동굴을 이용합니다. 최근 아에르토를 통해 얻은 시체들 덕분에, 황금거룡의 보호진을 우회해서 심연의 악귀들을 불러 올 수 있게 되었습니다. 이제 산 제물을 바치기만 하면 의식이 끝나지만, PC들이 도착한 덕분에 계획을 망칠 수도 있게 되었습니다.

PC 중에 악귀술사, 투장, 대사제, 황금거룡과 관계된 사람이 있다면 이 사교도들에게 심어 놓을 수 있는 이야깃거리도 더 있을 것입니다.

꼼지락대는 인어의 수상한 손님들

스칼렛이 무례한 PC들을 처리해 달라고 손님들에게 부탁하면, PC 하나마다 수상한 손님 하나를 등장시켜 즉석에서 전투를 벌입니다. (책 끝 NPC 수치의 p.70을 참조하십시오.) 이 전투는 매우 어렵습니다. PC들이 도망쳐야 할 수도 있습니다. 플레이어들이 도망치지 않으면, 수상한 손님들이 PC들을 죽이지 않고 그냥 부두에서 던진다고 해도 됩니다 (원기를 하나 잃습니다). 어느 쪽이건 간에, 이 전투는 완전 휴식까지 가기 위해 필요한 전투의 횟수에는 들어가지 않습니다. 일행이 도망칠 경우, 캠페인 패배의 내용은 아에르토가 그 사이에 모습을 감추고 다시는 찾을 수 없게 된다고 해도 좋고, 이야기에 맞는 다른 것이 되어도 좋습니다.

아에르토와 시체들, 부두 구역

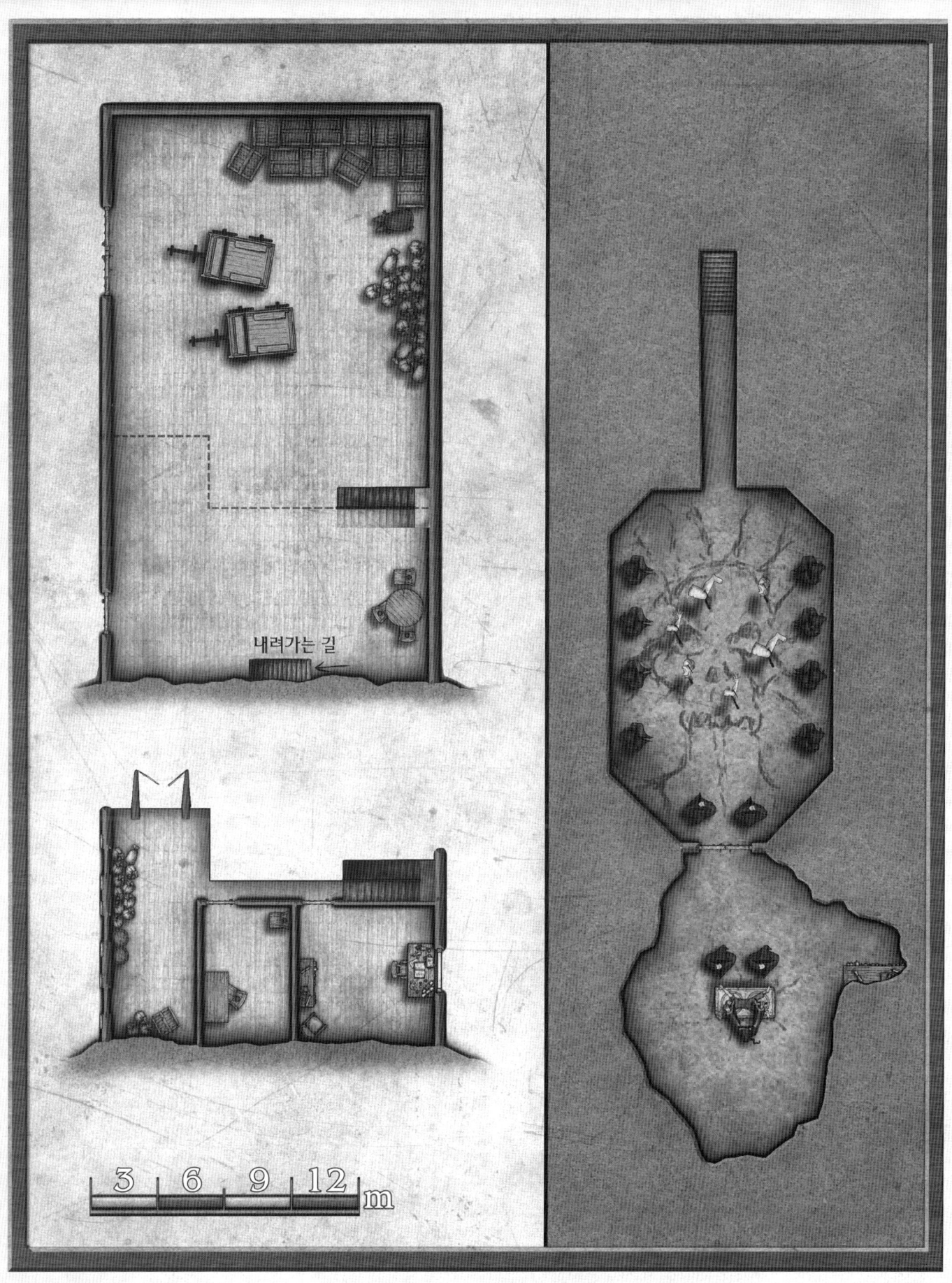

내려가는 길

3 6 9 12 m

창고 진입

PC들은 한두 블록 떨어진 골목에서 창고를 보고 있습니다. 안의 등잔 빛이 좁은 창문을 뚫고 새어 나오고, 작은 문 곁의 횃불꽂이에서 횃불이 타고 있습니다. PC들이 도착하면, 곧 평범한 노동자 복장을 한 인간 다섯 명 (남자 셋, 여자 둘)이 문에 다가가, 노크를 하고 들어가는 것을 볼 수 있습니다. 여자 하나가 흥분해서, 이제 기다림이 끝나고 살육이 시작된다고 말하는 것이 들립니다. 나이 든 남자가 조용히 하라고 제지합니다. 마지막에 들어가는 사교도는 횃불꽂이에서 횃불을 꺼내 가지고 들어갑니다.

다섯 명은 건물에 들어가서 문에 빗장을 겁니다. 여기서는 보이지 않지만, 계단을 내려가 로브를 입고 촛불을 켜고 서둘러 동굴로 갑니다. 그 시점에서 사교도들은 모두 동굴 안에 있겠지만, 창고를 아무도 지키고 있지 않은 것은 아닙니다.

전술: PC들이 창고에 들어가려면 작은 문에 걸린 빗장을 처리해야 합니다 (부수거나 밖에서 해제하려면 난이도 15). 아니면 수레가 출입하는 큰 문을 열어야 하는데, 이쪽은 빗장이 더 크고 무겁습니다 (난이도 20). 판정에 실패해도 들어가기는 하지만 소리 때문에 안의 수호수가 눈치를 챕니다 (기습을 못 합니다). 또는 노움이나 하플링 PC가 천장에 올라가 열린 창문으로 들어갈 수도 있습니다 (난이도 15). 어떤 방법으로 들어가도 안은 컴컴하고 (계단 근처에 약한 빛을 내는 등잔이 하나 있습니다) 비어 있어 보입니다. 그러나 창고의 수레들 밑에 **심연의 수호수**가 숨어 있습니다. 수호수는 당나귀 정도 크기이고 몸에는 갑각이 있으며, 끔찍하게 생긴, 거의 입밖에 없는 머리가 둘 있습니다. PC들을 몰래 따라오다가 공격을 할 것입니다. 두 머리로 하나의 적을 공격하여 찢어발기는 쪽을 선호합니다.

PC들이 4명이면, 수호수의 침이 흐르는 이빨은 10 피해밖에 주지 않습니다. PC가 6명이면 사무실에 신입 사교도 셋이 있다가 싸우는 소리를 듣고 2라운드에 도착합니다.

낮에 사교도들과 만나게 되었을 때

분위기로 보면 사교도들을 상대하기 가장 좋은 시간은 밤이지만, 플레이어들이 그렇게 가 주지 않을 수도 있습니다. 낮의 창고와 동굴은 모습이 약간 다를 것입니다. 저녁의 의식이 끝나면 사교도 중 10명은 평민 구역에 있는 집으로 돌아가 오후가 되어서 다시 출근합니다. 신입 사교도 넷과 장로 하나는 건물에서 창고 업무를 하고 있을 것입니다. 심연의 수호수는 동굴의 첫 번째 방에서 자고 있을 것이고, 제스킬과 장로 넷은 두 번째 방에서 의식의 준비를 하고 있을 것입니다. 지난 밤에 제물을 바쳐서 악귀가 이미 소환되었는지 아닌지는 마스터가 정합니다.

심연의 수호수

이빨 부딪치는 소리

2배 위력 3레벨 강적 [짐승]
행동 순서: +8

침이 흐르는 이빨 +8 vs. 장갑 (2회 공격) - 13 피해
    순수 홀수 명중: 대상은 5 지속 산 피해를 함께 입습니다.
    빗나감: 7 피해.

투명화: 수호수는 전투에서 처음 비틀거리게 되었을 때 눈에 보이지 않게 됩니다. 이 상태는 다음 번 수호수의 차례가 끝날 때까지, 또는 공격을 할 때까지 지속됩니다. 투명한 동안은 침이 흐르는 이빨 공격에 +2 보너스를 받습니다.

악귀의 감각: 수호수는 투명하거나 환상을 사용하는 적을 탐지할 때 페널티를 받지 않습니다.

장갑 18
신방 18   체력 100
정방 14

신입 사교도 (PC가 6명일 때만)

"육체는 약하다!"

2레벨 조무래기 [인간형]
행동 순서: +5

의식용 칼 +7 vs. 장갑 - 4 피해

죽음은 끝이 아니다: 신입 사교도의 체력이 0이 되면, 남은 무리의 전원이 각각 다음 자기 차례가 끝날 때까지 공격에 +1 보너스를 받습니다 (누적됨. 최대 +4).

장갑 17
신방 12   체력 9 (조무래기)
정방 15

조무래기: 무리에 9 피해가 가해질 때마다 신입 사교도 하나가 죽습니다.

전리품: 수호수는 아무 것도 갖고 있지 않지만, 신체 부위는 가치가 있을 수도 있습니다 (악마 즙 등). 2층의 사무실에는 시체 배달 대금을 지급할 때 사용하던 돈상자가 있습니다. 은화와 금화가 섞여서 60gp입니다. 신입 사교도들이 있었던 경우 각각 1d4 gp가 있습니다.

그 후: 창고에는 흥미로운 것이 거의 없습니다. 지하실에는 물이 담긴 통 몇 개와 국자, 물잔, 양초 두 상자가 얹혀 있는 큰 나무 선반, 로브를 걸게 되어 있는 옷걸이 15개가 있습니다. 그 중 셋에는 아직 로브가 걸려 있습니다. 로브는 피처럼 붉은 색이고, 장식은 없고 후드가 있습니다.

나무 선반 뒤에는 비밀문이 있습니다. 발견하고 열려면 난이도 25의 통찰 판정에 성공해야 합니다. 방의 생김새를 보면 여기에 통로가 숨겨져 있다는 것은 알 수 있습니다. 판정에 실패해도 비밀문을 발견하기는 하지만, 처음 수색을 시도한 PC가 판정에 실패하면 숨겨진 손잡이가 아니라 드러난 손잡이를 당겨 문을 연 것이고, 이로써 터널의 보호진이 발동됩니다.

동굴 들어가기

PC들이 낮에 동굴에 들어가면 박스에 나온 사교도들의 수에 맞추어 방 묘사를 바꾸십시오. 비밀문을 지나면, 통로의 벽이 벽돌에서 천연의 돌로 바뀝니다. 터널을 지나면 동굴의 첫 번째 방이 나옵니다. 사교도들은 심연의 말로 주문을 읊으며 소환 의식을 벌이고 있습니다. 사교도의 대부분은 첫 방에 있고, 제스킬과 장로 몇 명은 의식의 영창 부분이 끝나면 나머지 절차를 처리하기 위해 두 번째 방에서 기다리고 있습니다.

플레이어들에게 읽어 줍니다: 앞에 깜박이는 불빛이 보이고, 고약한 냄새와 더불어 주문 읊는 소리가 들려옵니다. 터널의 끝에는 긴 방이 있고, 방의 가장자리가 중앙보다 1m 정도 높아 경사가 져 있습니다. 방 곳곳에 쇠사슬과 갈고리가 걸려 있고, 여기에 사람의 팔다리, 몸통, 머리 등등이 매달려 있습니다. 신체 부위들은 썩어가고 있지만, 신선한 피로 칠해져 있습니다. 바닥에는 피와 내장으로 복잡한 무늬가 그려져 있고, 새까맣게 그을린 두개골에 올려진 촛불들이 벽을 파내어 만든 선반에서 타고 있습니다. 동굴 반대쪽 끝에는 쌍여닫이 철문이 열려 있습니다. 방에는 붉은 로브를 입은 사람들이 10명 있습니다. 사교도들의 목소리가 커지는 것을 보면 의식이 끝나가는 듯합니다. 쇠문의 저편에는 돌로 된 탁자가 있고, 사슬에 묶인 사람이 벗어나려고 꿈틀거리고 있습니다. 로브를 입은 사람 세 명이 그 모습을 물끄러미 쳐다보고 있습니다.

PC들이 비밀문 판정에 실패한 경우, 방과 사교도들이 보일 무렵 보호의 마법진이 발동됩니다. **어려운 악귀의 보호진:** 탐지하려면 난이도 20 지능 판정 (PC가 일부러 찾을 경우만). +10 vs 정방 (터널에 있는, 사교도가 아닌 자 모두) - 대상은 5 지속 정신 피해를 입고, 강력한 정신적 강요에 의해 방의 중앙으로 뛰어들게 됩니다. 더불어, 묵직하고 차가운 다른 세상의 목소리로 "진실 앞에 엎드려라, 불신자들아!"라는 소리가 들립니다. 그러면 사교도들은 무아지경 상태에서 깨어납니다. 덫이 발동되지 않고 PC들이 은밀하게 움직이면, 사교도들을 기습할 수도 있습니다.

첫 번째 방은 대략 가로 15m, 세로 20m입니다. 신입 사교도 여덟 명과 사교도 장로 두 명이 둘러 서 있고, 두 번째 방에는 장로가 두 명 더, 그리고 사교도들의 리더인 제스킬이 제물이 될 사람과 함께 기다리고 있습니다. 행동 순서 판정을 합니다!

전술: PC들이 은밀행동이나 마법을 사용해서 몰래 다가가지 않은 한, 제스킬과 함께 있는 장로 둘은 첫 PC가 행동하기 전에 철문을 닫고 빗장을 겁니다. 그리고 첫 방의 사교도들이 문을 지키는 사이, 내부의 세 명이 소환 의식을 계속합니다.

첫 방의 장로 두 명은 방 뒤쪽, 철문 앞에 있고, 여덟 명의 신입 사교도들은 방의 가장자리 높은 부분에 서 있습니다. 이곳에서 사교도 장로들은 보통보다 더 강합니다. 통상적인 공격 외에도, 모아둔 심연 에너지를 이용하여 방에 매달린 갈고리를 움직일 수 있기 때문입니다. 신입들 중 일부는 터널 입구로 이동해서 탈출을 막거나, 안에 있는 PC들과 터널에 있는 PC들을 나누려 할 수도 있습니다. 나머지는 칼을 뽑아 들고 달려듭니다. 광신적으로, 죽을 때까지 싸울 것입니다.

천장에서 늘어진 사슬에 매달린 갈고리들의 높이는 각각 다릅니다. 낮은 것은 지상 1m 정도입니다. 타고 올라갈 수는 있지만 피와 살점이 묻어 미끄럽습니다 (올라가는 데, 그리고 매 차례 붙들고 있는 데 난이도 15의 근력이나 민첩성 판정 필요). 방의 마법을 방해하여 갈고리 공격을 멈출 수도 있습니다 (다음 페이지 그 후 참조).

PC가 4명이면 신입 사교도 두 명을 뺍니다. 6명이면 사교도 장로 하나를 추가합니다.

신입 사교도

"육체는 약하다!"

2레벨 조무래기 [인간형]
행동 순서: +5

의식용 칼 +7 vs. 장갑 - 4 피해
  죽음은 끝이 아니다: 신입 사교도의 체력이 0이 되면, 남은 무리의 전원이 각각 다음 자기 차례가 끝날 때까지 공격에 +1 보너스를 받습니다 (누적됨. 최대 +4).

장갑 17	
신방 12	체력 9 (조무래기)
정방 15	

조무래기: 무리에 9 피해가 가해질 때마다 신입 사교도 하나가 죽습니다.

사교도 장로

"그분의 노래가 들리지 않느냐?"

2레벨 방해자 [인간형]
행동 순서: +5

의식용 낫 +7 vs. 장갑 - 6 피해
  순수 홀수 명중: 대상은 5 지속 피해를 함께 입습니다.
  빗나감: 2 지속 피해.

접: 사슬과 갈고리 +7 vs. 신방 - 5 피해. 대상은 붙잡히고, 갈고리에서 벗어날 때 3 피해를 입습니다.
  순수 16+: 대상은 갈고리에 붙잡혀 있는 동안 3 지속 피해를 함께 입습니다.

악귀술사의 충복: 사교도 장로의 체력이 0이 되면, 장로와 접전 중이던 적과 접전중인 사교도 신입이 최대 두 명까지 자유 행동으로 근접 공격을 할 수 있습니다.

장갑 17	
신방 12	체력 32
정방 16	

전리품: 동굴에도 사교도들의 몸에도 값나가는 것은 없습니다. 그러나 뒤져 보면 보통 옷으로 가려질 만한 신체 부위에 악귀술사의 상징이 흉터로 나 있다는 것을 알 수 있습니다.

제13시대 - 엘돌란의 그림자들

그 후: 도학 및 신성 마법을 쓸 줄 아는 캐릭터가 확인을 해 보면 (난이도 15), 첫 방에서 안쪽 방으로 바닥에 새겨진 무늬를 따라 혼돈의 에너지가 흐르고 있음을 알 수 있습니다. 이 판정에 성공한 PC는 일반 행동을 써서 그 에너지를 일부 방해할 수 있다는 것도 알 수 있습니다 (난이도 20 판정, 아니면 악귀술사, 투장, 또는 황금거룡에 관계된 PC가 표상 관계 판정을 해서 5나 6이 나올 경우 어느 정도 성공할 수 있다고 해도 됩니다). 전투 도중에 하면 그 PC의 다음 차례가 올 때까지 장로들이 사슬과 갈고리 공격을 쓸 수 없게 됩니다. 전투가 끝난 후에 하면 두 번째 방에서 벌어지고 있는 소환 의식의 효과를 제한할 수 있습니다. 어느 쪽이건 간에, 판정에 실패하면 에너지가 역류하여 그 PC는 원기를 하나 잃습니다.

PC들이 어떻게 두 번째 방의 문을 열었다면 (내부에 있는 자들과도 싸워야 하지만 악귀와는 싸우지 않아도 됩니다), 첫 번째 방의 사교도들을 물리쳤을 때 몇 초만에 짧은 휴식을 취할 수 있게 하십시오. 그리고 바로 두 번째 방과의 싸움을 하면 됩니다. 철문을 부수려면 전투 도중에 난이도 20의 근력 판정에 세 번 성공해야 합니다. 전투가 끝난 뒤에는 30초 정도가 걸립니다 (판정 없음). 의식을 전혀 방해하지 않았다면, PC들이 문을 부수고 들어왔을 때 제스킬과 장로들은 악귀 소환을 막 마치는 참일 것입니다.

악귀와의 싸움

첫 번째 방의 사교도들이 PC들과 싸우는 사이 의식을 계속했다면, PC들이 문을 부수고 들어왔을 때는 마지막 주문을 읊고 있을 것입니다. 아니면 첫 번째 방으로 나와서 싸웁니다. 장로 두 명은 문 앞에서 PC들을 상대하고, 제스킬은 방 중앙의 돌 탁자에 묶인 선원을 죽여서 의식을 마치려 할 것입니다.

플레이어들에게 읽어 줍니다: 여러분이 문을 박차고 들어가자 주문 외는 소리가 멈춥니다. 사교도 둘이 앞으로 나와 여러분을 막아서고, 얼굴에 피를 칠하고 고급 로브를 입은 갈색 수염의 남자가 말합니다. "주인님이시여, 당신의 힘이 필요합니다. 당신의 자녀를 하나 보내어 이 불신자들을 죽여 주소서!" 아에르토가 얘기해 준 것으로 짐작해 보면 이것이 제스킬인 것 같습니다. 제스킬은 칼을 치켜듭니다. 탁자 위의 남자는 몸을 이리저리 비틀어 보지만, 포박은 풀리지 않습니다.

전술: PC들은 빠르고 운이 좋으면 선원 (제프리스)을 살릴 기회가 있습니다. 선원은 문에서 6m 정도 떨어진 탁자 위에 있습니다. 행동 순서 판정을 합니다! 제스킬은 라운드의 끝에 행동하고, 자기 차례가 될 때마다 "파르그투"에게 자기의 부름을 들으라고 외치며 선원을 죽이려 할 것입니다. 제스킬은 선원 곁에 있는 상태로 자기 차례를 맞이하면 모든 행동을 다 써서 마무리 공격을 합니다. 선원이 아직 묶인 상태이면 제스킬에게 판정 없이

죽습니다. 이렇게 되면 선원의 시신에서 차원문이 열리고, 피를 뒤집어 쓴 악귀 파르그투가 나타납니다. 파르그투의 행동 순서를 판정합니다. 파르그투는 다음 라운드부터 행동합니다.

PC들이 제스킬을 방해하여 악귀를 소환하지 못하게 하면, 파르그투는 다른 제물을 받기로 합니다. 제스킬이 비틀거리게 되면 순간 광기에 빠져 단검으로 자기 가슴을 찌르고 악귀의 이름을 부릅니다 (자유 행동). 파르그투는 연기가 피어오르는 제스킬의 시체에서 나타납니다.

PC들이 의식에 필요한 에너지의 흐름을 방해했으면 파르그투는 체력 최대치가 20% 낮게 나타납니다. 두 번째 방에는 장로들이 사용할 갈고리가 없습니다. PC들이 4명인 경우, 파르그투가 소환되면 제스킬은 PC들에게 마구 소리를 질러대지만 공격은 하지 않습니다 (제스킬이 스스로를 제물로 바쳤으면 파르그투는 체력이 절반보다 1 높은 상태 (28 또는 23)로 나타납니다). PC들이 6명인 경우 사교도 장로를 하나 추가하십시오.

사교도 장로
"그분의 노래가 들리지 않느냐?"

2레벨 방해자 [인간형]
행동 순서: +5

의식용 낫 +7 vs. 장갑 - 6 피해
순수 홀수 명중: 대상은 5 지속 피해를 함께 입습니다.
빗나감: 2 지속 피해.

나는 돌아올 것이다: 사교도 장로는 체력이 0이 되면 자유 행동으로 마지막 의식용 낫 공격을 할 수 있습니다.

장갑 17
신방 12   체력 32
정방 16

제스킬, 사교의 지도자
"신실한 자만이 상을 받을 것이다."

3레벨 리더 [인간형]
행동 순서: 라운드 마지막에 행동

악귀의 검 +8 vs. 장갑 - 8 피해
순수 16+: 대상은 불, 냉기, 벼락, 천둥 중에서 마스터가 선택한 피해를 5점 더 입습니다.
빗나감: 제스킬과 대상이 모두 1d4 피해를 입습니다.

열정적 설교: 한 라운드에 한 번, 제스킬은 짧은 행동으로 동료 하나에게 격려의 말을 할 수 있습니다. 그 동료는 자유 행동으로 근접 공격을 하며, 그 공격의 피해에 +5가 붙습니다.

혼돈의 가호: 제스킬이 그 라운드에 처음으로 피해를 입게 되었을 때, 혼돈의 에너지가 피해를 반으로 줄여 줍니다.

장갑 17
신방 12   체력 32
정방 16

파르그투, 하급 광란귀
"제물을 받고 부름에 응했노라."

4레벨 강적 [악귀]
행동 순서: +8

손톱 +8 vs. 장갑 (2회 공격) - 8 피해

광란의 폭주: 파르그투가 근접 공격을 해서 빗나갈 때마다 +1의 공격 보너스와 +1d4 피해 보너스를 받습니다 (최대 +4, +4d4). 보너스는 전투 내내 지속됩니다.

장갑 20
신방 16   체력 55 (또는 44)
정방 15

전리품: 은화 몇 닢 정도 할 만한 검은 양초가 한 상자 있습니다. 피를 담는 데 쓴 그릇과 항아리들은 흑요석으로 되어 있고, 잘 닦으면 50gp 정도에 팔 수 있습니다. 악귀의 문양이 새겨진 작은 철상자에는 140gp, 은 손잡이에 피처럼 빨간 루비가 박힌 의식용 단도, 모험가급 룬이 있습니다. 더불어 파괴의 성물 (모험가급)도 들어 있습니다. 항상: 신성 주문이나 공격의 공격 판정과 피해 판정에 +1. 재충전 11+: 신성 피해를 주는 공격을 명중시키면 그 공격이 1d10 신성 피해를 더 줍니다. 기벽: 세계가 곧 불에 휩싸여 끝날 것이라고 믿습니다.

그 후: 소환실 구석의 벽이 파인 곳에 책장이 있습니다. 여기에는 악귀 숭배와 소환, 그리고 악귀들이 심연을 자유로이 떠날 수 있게 되면 세상이 어떻게 끝날지를 쓴 책들이 있습니다. 여기에는 제스킬의 일기장도 있습니다. 대부분은 "신실한 자"가 세계를 지배하게 될 것이고 자기가 세상의 주인이 되면 적들을 어떻게 할 것인지가 나와 있습니다. 아에르토에 관한 이야기도 하나 있습니다.

제스킬의 일기장에는 사교도 중 하나가 아에르토라는 암시장 상인과 만났다고 적혀 있습니다. 아에르토를 관찰하고 점을 친 결과, 비록 "잊혀진 지식의 탐구회"라는 시체왕 추종자 집단에 속해 있기는 하지만 사교의 일도 맡아 줄 만하다고 판단했습니다. 잊혀진 지식의 탐구회는 도시 곳곳에 숨어 있으며, 망자의 금고에도 한 명이 있다고 합니다. 아에르토 또한 숨겨야 할 비밀이 있으니 자기들의 비밀 역시 쉽게 드러내지 못할 것이라고, 제스킬은 생각하고 있었습니다.

PC들은 이 단서를 따라가서 망자의 금고에 있는 랜든에 관해 알게 될 수도 있고, 이미 랜든을 조사했다면 다른 단서를 추적할 수도 있습니다. 한편, 수사의 다음 단계로 이동할 준비가 되었으면 일기장에 점등사 길드와 아를리사 덴트에 관해서 적혀 있다고 해도 좋습니다.

제13시대 - 엘돌란의 그림자들

단서 3:
날씬한 롤로, 사원 구역

하플링 천막 상인 날씬한 롤로는 좀비 중 하나가 장례를 마친 친구였다고 합니다.

날씬한 롤로와의 대화

롤로는 찾기 쉽습니다. 호객 광장의 천막에서 트위스프산 파이프와 담배를 팔고 있습니다. 롤로는 별명처럼 생겼습니다. 하플링치고는 매우 날씬하고 키가 크기 때문입니다. 가느다란 콧수염에 모래색 금발을 하고 있고, 조상 중에 노움이 있는 것처럼 생겼습니다. 롤로는 말이 빠르고, 자기 물건을 살 만한 손님이 지나가면 그쪽에 주의를 빼앗겨 PC들을 무시하거나 질문을 잊어버리곤 합니다. 롤로의 주의를 끌려면 담배를 사야 합니다! 좀비 습격 때는 도망치지만, 자기 물건을 훔쳐가는 사람이 있을까 봐 곧 돌아옵니다. 롤로는 낮이면 매일 여기에 있습니다.

좀비 습격에 대해 물어보면 롤로는 숨김 없이 말해 줍니다. 좀비 중 하나가 자기 친구 콜른이었다는 것입니다. 콜른은 인간 벽돌공이었고, 알고 지낸 지 여러 해라고 합니다. 콜른은 불과 일주일 전 날뛰는 말에 밟혀 죽었다고 합니다. 가족이 돈을 내서 마을의 납골당에 안치했습니다 (여기가 망자의 금고입니다). 롤로도 장례식에 참석했습니다. 그러니 콜른이 광장에 나타나, 텅 빈 뱃속을 드러내고 난동을 부리는 것이 얼마나 놀라웠을까요!

롤로가 말합니다. "아니, 정식으로 납골당에 들어간 사람이 어떻게 저런 언데드 좀비 괴물로 변할 수 있다는 겁니까? 도무지 이해가 안 가요." 맞는 말입니다. 정식 장례를 치렀으면 언데드가 될 수 없습니다. 제대로 장례를 치르는 이유 중 하나가 언데드 발생의 방지이기 때문입니다. 롤로의 말을 들었으면 PC들은 아마 사원 구역에 있는 망자의 금고에 가고 싶을 것입니다.

사원 구역

비록 작기는 하지만 마법 중심의 도시인 엘돌란에도 사원 구역이 있기는 합니다. 이곳에는 작은 사당들도 많고 큰 사원도 몇 개 있어서, 신의 인도를 원하는 사람들에게 도움을 줍니다. 모두 빛의 신들 (어느 신들인지는 캠페인에서 정하십시오)에게 바쳐진 곳들입니다. 사제와 교회 관리들이 다수 있고, 이들은 상당수가 대사제의 부하입니다. 망자의 금고도 여기 있습니다.

이 구역은 평민 구역의 옆, 도시의 남동쪽 가장자리, 학교 구역의 절벽 아래에 있습니다. 망자의 금고 위에는 모든 빛의 신들의 석상을 둘러세워 기리는 석조 사원이 있습니다. 사원 자체는 단순하지만, 망자의 금고는 대부분의 사람들이 생각하는 것보다 훨씬 더 깊고 넓습니다.

PC들이 신의 도움을 얻고 싶으면 사원 구역에 가면 됩니다. 대사제나 자기 교회에 헌금을 하면 도와줍니다. 사원 구역의 가장자리에는 자칭 예언자들이 있어서 부적을 비롯한 종교적인 잡동사니를 팝니다. 밤에는 점등사 길드의 가로등이 밝게 빛나고, 사원마다 자기가 모시는 신의 상징이 드러나는 마법 등을 걸어 놓고 있습니다. 은방패대는 이곳을 밤낮으로 순찰합니다.

망자의 금고

망자의 금고는 장례 때가 아니면 일반인의 출입이 금지되어 있고, 장례 때도 친구와 가족만이 장례실에 들어올 수 있을 뿐입니다. 대사제의 부하이자 빛의 신들의 사제인 인간 여자 오데사 릴란테스가 소수 사제들을 이끌고 망자의 금고를 관리하며 죽은 사람들의 장례 의식을 해 줍니다 (기부금을 받습니다). 장례식 참석자들은 지상의 사원과 지하의 장례실을 넘어서는 갈 수 없습니다. 부유하거나 권력이 있지만 가문의 영묘가 없는 사람들은 친족이 납골당의 같은 구역에 안치되게 하고, 필요할 경우 그 구역에 드나들 수 있게 되어 있습니다. 오데사는 롤로의 말이 틀렸다고 맹세하고, 실제로도 그렇게 생각하지만, 그것은 사실이 아닙니다.

사원 구역과 표상들의 관계

최근, 오크 두령을 따르며 악귀들과 왕래하는 약탈자 집단이 엘돌란 동쪽에 나타났다는 소문이 돌더니 투장의 사제들이 도시에 도착했습니다. 이 사제들은 암흑신들을 사원 구역에서 공공연히 드러내고, 빛의 신들을 따르는 사람들을 개종시키려 하고 있습니다. 이 사제들은 현재 엘돌란에 머무르고 있는 성기사들과 충돌을 일으키고 있습니다. 대사제의 부하들 또한 투장 사제들의 암흑신 숭배와 대사제 모욕이 도를 넘었다며 이를 갈고 있습니다.

황금거룡, 대사제, 투장과 관련된 PC들은 사원 구역에서 벌어지는 종교 분쟁에 말려들 수도 있습니다. 오크 두령과 관련이 있는 PC 또한 어둠의 사제들과 충돌을 빚을 수 있을 것입니다.

진상

오데사가 알기로 망자의 금고에 묻히는 사람들은 모두 제대로 된 장례를 치릅니다. 문제는 물론, 오데사의 부하인 인간 사제 랜든 스미슨이 사실은 잊혀진 지식의 탐구회에 속해 있다는 것입니다. 랜든은 장례 의식을 일부러 틀리게 하여 납골당을 모독하고 있습니다. 너무 자주 하지는 않도록 조심하고, 이 속임수는 기부금을 간신히 낼 수 있는 가난한 사람에게만 씁니다 (기부금을 못 내는 사람은 화장을 하는 수밖에 없습니다). 그러면 납골당에 와서 가족의 시신에 봉인이 깨져 있는 것을 눈치챌 일도 없습니다. 아직까지 랜든이 한 짓을 밝혀낸 사람은 없지만, PC들이 왔으니 이제는 얘기가 다릅니다.

오데사와의 대화

PC들이 나타나 망자의 금고에 관해 캐묻고, 시체의 보관 상태에 관해 따지고, 여기저기 구경을 하고, 또는 호객 광장의 좀비들이 납골당에서 나왔다는 말을 하면, 하급 사제들은 속히 오데사를 불러올 것입니다. 이 단서에서는 랜든을 상대하는 것만큼이나 오데사의 협조를 얻는 것도 중요합니다. 오데사는 PC들에게 용무를 묻습니다. 납골당에서 좀비가 나왔다는 말을 하면 그런 "황당무계한 주장"에 증거를 대라고 합니다. PC들이 롤로에게 들은 말밖에 없다면 모욕당한 티를 내면서 자기들은 죽은 사람들이 영면에 들 수 있도록 장례의 절차를 따른다고 말합니다. 납골당에는 아무 문제가 없다는 주장을 굽히지 않습니다.

오데사는 작은 체구의 중년 여자이고, 뒤로 묶은 금발이 회색으로 물들어가고 있습니다. 빛의 신들의 사제가 입는 정식 복장을 하고 있고, 여기에 대사제의 상징도 붙이고 있습니다. 오데사는 말을 짧게 하고, 한 마디가 끝날 때마다 코로 킁 하는 소리를 냅니다. 거의 웃지 않고, 자기 일에 아주 충실하며, 사람들이 자기 말에 따르는 데 익숙합니다. 하급 사제들은 오데사가 눈길만 돌려도 바쁘게 움직입니다.

오데사는 PC들의 걱정이 근거가 없다고 일축하려 합니다. 자기들이 의무 수행에 실패했다는 생각 자체가 모욕적이기 때문에, PC들에게는 나가라고 할 것입니다. 이 시점에서, PC들은 오데사와의 관계를 보다 원만하게 해서 제대로 된 대화를 시도할 수 있습니다. 그러려면 난이도 15의 매력 판정 (교섭이나 허풍)이 필요할 것입니다. 접근 방식에 따라서는 판정이 더 필요할 수도 있습니다. 대사제와 관계가 있는 PC는 관련된 모든 판정에 +2를 받습니다. 사제이면 +2를 더 받습니다. 이 상황에서 표상 관계를 사용하고 싶어하는 플레이어가 있으면, 대사제와 긍정적이거나 양가적인 관계나 시체왕과 부정적인 관계를 가진 PC는 누구나 표상 관계 판정을 할 수 있습니다. 혜택이 나오면 오데사와 대화를 시도할 수 있습니다 (언젠가는 빛의 성당에 불려가 일하고 싶어하기 때문에, "연줄"이 있는 사람을 무시하지는 않을 것입니다). 5가 나오면 통상적으로 그 표상에 관련된 어려움이 발생합니다. 어쩌면 오데사가 그 PC에게 자기를 지지할 것을 요청하고, 빛의 성당에 추천서를 써서 대사제쪽 사람들에게 보내 달라고 할 수도 있을 것입니다.

납골당에 들여보내 주게 하려면 다시 난이도 15의 매력 판정을 하거나 표상 주사위의 혜택을 써야 합니다. PC들이 판정에 실패하고 연줄도 사용하지 못하는 경우에도 납골당에 들어갈 수는 있습니다. 대화 도중 하급 사제 토마스가 끼어듭니다. 그리고 몇 주 전에 평민 납골당에서 봉인이 몇 개 깨져 있고 바닥에 이상한 얼룩이 져 있는 것을 보았다는 것입니다. 오데사는 쓸 데 없는 소리를 하지 말라고 하지만, 이 정보만 가지고도 마음이 바뀌어 PC들에게 납골당을 보여 주고 빨리 갈 길을 가게 하고 싶어집니다 (실패해도 전진!). 그러나 토마스가 끼어들어서 오데사가 PC들을 납골당에 들이게 된 경우, 앞으로 일어날 싸움도 더 어려워질 것입니다 (전술 참조).

대사제와 관계가 있는 PC들이 대사제나 한 가지 특별한 것에 관련된 이야기와 곁가지 임무에 관한 정보를 얻기에도 좋은 장면입니다.

납골당 입장

오데사가 PC들을 납골당에 들이기로 하면 (아마도 롤로가 보았다는 좀비인 콜른의 묘실에), 토마스에게 안내를 맡길 것입니다. 오데사는 납골당에서 엄숙하게 행동하지 않으면 마법사 회의에 연락을 하겠다고 으름장을 놓습니다. 토마스는 25세 정도이고, 얼굴이 반질반질하며, 갈색 머리에 정수리를 밀었습니다. 목에는 염주에 대사제의 상징이 새겨진 은빛 원반을 매고 있습니다. 토마스는 대화에 굶주려 있습니다. 특히 엘돌란 바깥의 소식을 궁금해 합니다.

토마스는 PC들을 데리고 계단을 내려가, 장례실 몇 개를 지나 납골당에 들어갑니다. 납골당 입구에는 안치된 사람들의 이름이 적혀 있습니다. 길이 많기 때문에 약간은 미로 같은 기분도 듭니다. 토마스는 등잔을 들고 PC들이 가고자 하는 곳, 아마도 콜른을 비롯한 평민들이 안치된 곳으로 안내합니다. 평민 납골당은 다른 곳들보다 크고, 비좁은 통로 좌우로 시신 하나가 들어갈 크기로 판 묘실들이 늘어서 있습니다. 묘실들은 모두 벽돌로 봉해져 있고, 그 위에는 시체왕의 부름에 시신이 답하지 않도록 성호가 그려져 있습니다. 오래된 굴은 그 기호도 많이 바래 있습니다.

콜른이 안치된 묘실은 조금만 봐도 이상하다는 것을 알 수 있습니다. 성호가 긁혀서 지워져 있고, 벽돌이 쌓여는 있지만 그 사이에 회가 발라져 있지 않습니다. 벽돌을 치워 보면 안에 시신이 없는 것이 드러납니다. 토마스는 매우 동요하고, PC들이 말을 걸면 이 구역을 담당하는 사제인 랜든을 찾아서 어떻게 된 일인지 알아내야 한다고 대답합니다.

랜든

랜든 스미슨은 탐구회의 회원입니다. PC들이 망자의 금고에 와서 오데사와 이야기할 때에도 다른 하급 사제들과 함께 구석에 있었습니다. 오데사가 PC들에게 납골당에 들어가는 것을 허락하면, 랜든은 진실이 밝혀질 것을 깨닫고, 자기 담당 구역이니만큼 자기가 의심을 받을 것도 알고 있습니다. 그래서 랜든은 PC들보다 먼저 납골당에 들어갑니다. PC들이 콜른의 묘실에 당도하여 (또는 납골당 전체를 수색하여) 사실을 알게 되면, 랜든은 이제 사제 노릇은 끝이라고 생각하고 몇 달 동안 준비해 둔 의식을 마무리짓습니다.

랜든은 오래된 묘실에 그려진 성호를 제거하여 시체왕의 부름이 닿을 수 있게 해 두었습니다. 가라도스는 랜든에게 시체를 언데드로 일으키는 의식을 가르쳐 주었고, 벌써 몇 달 동안 준비를 하고 있었습니다. 준비를 더 해서 나중에 훨씬 큰 무리를 일으킬 생각이었지만, 지금은 PC들을 죽이고 탈출하여 가라도스에게 보고하는 것만이 목적입니다. 언데드 해골들을 PC들에게 덤비게 한 뒤, 랜든은 비밀 통로를 통해 망자의 금고에서 빠져나와 탐구회의 은신처에 보고하러 갈 것입니다.

해골들의 공격

토마스가 PC들에게 이곳의 담당자가 랜든이라고 말하면, 숨어있는 랜든이 소년 같이 높은 목소리로 토마스와 PC들을 놀립니다. "멍청이들아! 대사제와 의식 따위가 너희를 영원히 보호해 줄 줄 알았지? 두고 봐라. 외눈의 왕이 승리하시는 날이 올 거야! 그러면 너희들도 그 발 밑에 엎드릴 거고! 아니, 너희들은 아니지. 왜냐하면 여기서 죽을 테니까!" 그리고 주문 몇 마디를 읊어 의식 마법을 발동시키고, 언데드들에게 모두 다 죽이라는 명령을 내립니다. 그러고 나면 PC들의 귀에 발자국 소리가 들립니다. 토마스는 그것이 랜든의 목소리라는 것을 알고 욕설을 퍼붓습니다.

플레이어들에게 읽어 줍니다: 숨어있는 남자가 마지막 한 마디를 읊조립니다. 쉰 한숨 같은 소리이고, 방향을 알 수가 없습니다. 그러자 벽돌이 돌바닥에 턱, 턱 소리를 내며 떨어지는 것이 들립니다. 등잔 빛 가장자리에 뼈와 힘줄로만 된 사람 그림자가 어느 묘실에서 기어나오는 것이 보입니다. 비슷한 것들이 더 나옵니다. 어떤 놈들은 텅 빈 눈에서 푸르스름한 보라색 빛을 뿜고 있습니다. 두 집단이 앞뒤의 아치를 통해 여러분에게 다가옵니다. 토마스가 비명을 지릅니다!

날씬한 롤로, 사원 구역

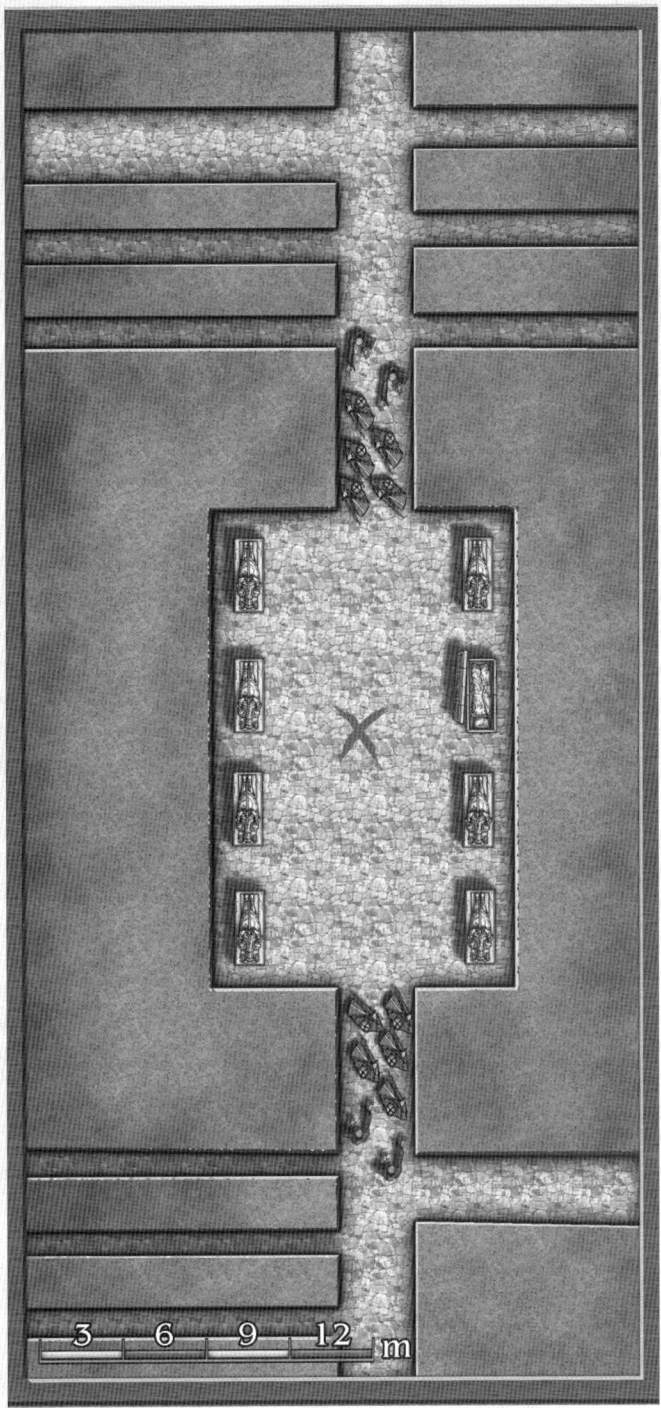

전술: 랜든은 해골 14구를 일으켰습니다. **해골 마술사 4구, 망자의 금고 해골 10구입니다 (5구씩 두 무리로 나뉘어 있습니다).** 2배 위력 전투입니다. PC들이 있는 곳은 가로 10m 세로 20m 정도의 방이고, 앞뒤로 3m 폭의 아치가 있어 복도로 이어져 있고, 거기서 작은 복도들이 뻗어나갑니다 (위 지도 참조). 해골들은 두 출구에서 접근하고, 파괴될 때까지 공격을 멈추지 않습니다. 각 무리의 뒤에는 해골 마술사가 둘씩 있어서, 눈에서 마력을 뿜어 원거리 공격을 합니다. 자기 앞의 해골들이 둘 이상 쓰러지면 마술사 하나가 무덤의 부름으로 도로 일으키려 할 것입니다. 마법사들은 비틀거리기 전에는 물러서기에 실패할 경우 기회 공격을 감수하고 원거리 공격을 합니다. 행동 순서 판정을 합시다!

토마스는 정식 신성 주문을 쓸 줄 모르고, 기본적인 의식만 할 수 있을 뿐이기 때문에 구석에 숨으려고 합니다. 그러나 누가 막지 않으면 망자의 금고 해골이 한둘 정도는 토마스를 공격할 것입니다. 그렇게 되면 토마스는 벗어나기를 시도하고 도움을 청할 것입니다 (장갑 12, 신방 11, 정방 11, 체력 15). PC들이 양쪽 출구를 탄탄히 지키고 있으면 토마스는 매 라운드 극복 판정을 합니다. 실패할 경우 토마스는 PC들을 지나쳐 도망치려다가 해골들에게 막힙니다. 일행 중에 사제가 없으면, 해골 마술사 하나와 조무래기 몇을 빼 두었다가 고조 주사위가 2가 되었을 때 전투에 들어온다고 하십시오.

이 구역은 랜든이 부정한 술수로 더럽혀 놓았기 때문에 언데드에게 유리합니다. 고조 주사위가 올라갈 때마다 PC 중 한 명이 쉬운 극복 판정을 합니다 (6+). 실패하면 고조 주사위는 그 라운드에 증가하지 않습니다. 적절한 배경이 있거나 대사제 또는 시체왕과 표상 관계가 있는 PC는 난이도 15의 통찰 판정을 하여 부정한 에너지를 중화시킬 수 있습니다. 성공하면 다음 라운드부터는 극복 판정 없이 고조 주사위가 증가합니다.

PC들이 4명이면 해골 마술사 하나와 망자의 금고 해골 둘을 제거합니다. PC들이 6명이면 해골 마술사 하나와 망자의 금고 해골 둘을 추가합니다. 판정에 실패하는 바람에 토마스의 도움을 통해서 납골당 출입 허가를 얻었다면, 랜든이 더 빨리 도착하여 술수를 쓰는 바람에 해골 마술사들이 신성 피해에 취약하지 않게 됩니다. 마스터가 원하면 망치, 철퇴, 지팡이 같은 둔기로 공격하면 해골들의 무기 저항 능력을 무시할 수 있다고 해도 좋습니다.

망자의 금고 해골

"아아아아아아."

1레벨 조무래기 [언데드]
행동 순서: +6
취약: 신성

뼈 손가락 +6 vs. 장갑 - 3 피해

무기 저항 16+: 해골들은 무기 공격의 대상이 되었을 때 공격 판정이 16+가 아니면 피해를 절반만 입습니다.

망자의 신속함: 특수한 의식 마법 덕분에, 이 해골이 속한 무리는 행동 순서를 판정할 때 d20을 두 번 굴리고 높은 쪽을 취합니다.

장갑 16	
신방 14	체력 6 (조무래기)
정방 11	

조무래기: 무리에 6 피해가 가해질 때마다 망자의 금고 해골 하나가 죽습니다.

해골 마술사

"우리의 . . . 안식을 . . . 방해하지 마라."

2레벨 술사 [언데드]
행동 순서: +7
취약: 신성

갈퀴 같은 뼈 +6 vs. 장갑 - 4 피해

원: 푸른 광선 +6 vs. 신방 (같은 집단에 있는 단거리의 적 둘 까지) - 4 마력 피해

순수 짝수 명중: 대상은 해골 마술사의 다음 차례가 시작될 때까지 취약해집니다.

무덤의 부름: 전투마다 한 번, 해골 마술사는 짧은 행동으로 보통 극복 판정을 하여 쓰러진 조무래기 동료를 도로 일으킬 수 있습니다. 성공하면 1d2구의 망자의 금고 해골이 그 무리의 차례가 되었을 때 일어납니다 (그때가 될 때까지 이 해골들은 공격 대상이 될 수 없습니다).

무기 저항 16+: 해골들은 무기 공격의 대상이 되었을 때 공격 판정이 16+가 아니면 피해를 절반만 입습니다.

장갑 17	
신방 12	체력 30
정방 16	

전리품: 망자의 금고 해골들은 값 나가는 물건이 전혀 없습니다. 해골 마술사들은 한때 마법사였기 때문에, 각각 부장품으로 1d6×10gp에 해당하는 장신구가 있습니다 (PC들이 가져가려고 하면 토마스는 약간 반대할 것입니다).

그 후: PC들이 언데드의 무리를 물리치면, 소란을 들은 오데사와 다른 사제들이 도착합니다. 토마스가 살아있다면 오데사에게 여기서 일어난 일들을 설명하고 랜든의 배신을 알릴 것입니다 (목소리로 알아챘습니다). 그러면 오데사와 사제들은 자기들 사이에 이교도가 침투했다는 사실을 깨닫습니다. 토마스가 죽었다면 PC들이 설명을 더 해야 하겠지만, 바닥에 해골들이 널려 있고 사제들도 마법으로 조사를 할 테니 시간만 좀 걸릴 뿐 진실은 밝혀질 것입니다.

랜든을 빨리 쫓아가는 것은 어려워 보입니다. 랜든은 비밀 통로를 따라서 납골당을 빠져나갔고, 사원을 지나지 않았습니다. 묘실도 많고 길도 많기 때문에, 출구를 찾으려면 며칠을 들이거나 강력한 마법을 써야 할 것입니다. PC들이 지금 사용할 수 있는 마법으로는 무리입니다.

랜든의 방을 뒤져 보면 몇 가지가 드러납니다. 첫째, 지난 1주일간 점등사 길드의 가로등 점등 스케줄이 적힌 종이가 한 장 있습니다. 기도책이 놓인 작은 선반도 있습니다. 그리고 그 사이에, 신성 마법을 쓰는 자가 죽은 인간형 생물의 잔여 생명력을 거두고 활용하는 방법에 대한 책이 한 권 있습니다. 이것은 랜든이 시체왕의 하수인임을 나타내는 증거입니다. 더불어, 책 뒤에는 종이가 한 장 접혀 들어가 있습니다:

랜든이여, 네 노력이 가상하다. 주인님의 최근 명령에 따르는 데 큰 도움이 되었다. 그분의 힘은 매주 강해진다. 재고가 부족함은 알고 있지만, 작업이 중대한 지점에 달해 신선한 시체가 더 필요하다. 이번 습격에서 얻을 수 있을지도 모르겠구나. 평민 구역의 꿈팔이와 함께 있는 파울로스를 찾아가 지시를 받아라.

이를 보면 오데사는 랜든이 첩자이고 대사제의 적이라는 사실을 의심하지 않습니다. PC들은 이 정보를 따라서 꿈팔이 (그리고 파울로스와 지그문트)를 찾아 평민 구역으로 갈 수 있습니다. 이미 그 단서를 추적했으면 다른 단서의 정보를 두십시오. PC들이 다음 단계로 넘어갈 준비가 되었다면, 쪽지에 파울로스가 아닌 아를리사 덴트를 찾아가라고 되어 있다고 해도 좋습니다.

추가 보상: 배신자를 찾아내 주어 고맙다며, 오데사는 앞으로의 수사와 싸움에 도움이 될 것들을 줍니다: **치유 물약 2병 (모험가급)**, 마개가 달린 **할라티르의 거룩한 눈물 한 병** (p.16, 마법적 도움 참조), **음 에너지 저항의 부적** (토기 목걸이. 대사제의 상징이 찍혀 있습니다. 짧은 행동으로 발동시키면 그 전투 내내, 또는 5분간 음 에너지 저항 16+를 얻습니다. 1회용).

단서 4:

럼니의 친구, 안장 구역

호객 광장의 상인 럼니는 길을 막고 있던 호박 수레가 누구 것인지 알고 있다고 합니다. 수레 주인이 좀비 습격에 관련되어 있을지도 모릅니다.

럼니와의 대화

럼니 투실버스는 엘돌란의 시장들에 돌 조각품을 파는 드워프 장인입니다. 안장 구역에 작업실 겸 가게를 두고 일하고 있습니다. 좀비 습격이 있던 날에는 호박 수레가 있던 길목을 바라보는 탁자를 차리고 일하고 있었습니다. 럼니는 수레가 길을 막고 있어 손님의 통행이 줄자 화가 났기 때문에 잘 기억하고 있습니다.

럼니는 강한 드워프 억양으로 말을 합니다. 풍성한 검은 수염에 녹색 돌 구슬을 엮어 넣었고 머리는 대머리입니다. 손은 하도 거칠고 굳은살이 많아 돌로 된 것처럼 보입니다. 럼니는 말을 잘 못하면 큰일이 난다는 것을 알고 있기 때문에, 수다를 떠는 타입은 아닙니다. 하지만 그래도 친절하기는 합니다. 그러나 조각품

을 사는 사람 (가장 싼 것이 3gp)에게는 훨씬 더 친절합니다. 럼니가 입을 열기 시작하고 PC들이 수레나 그 주인, 수레가 뒤집힌 일, 좀비 공격 등에 대해 물어 보면 다음 내용을 전해 줍니다:

로브를 입은 사람 둘이 광장으로 수레를 몰고 왔습니다. 후드를 쓰고 있었기 때문에 얼굴은 보지 못했습니다. 로브는 마법 학교 학생들이 입는 것처럼 생겼다고 합니다. (캐물으면 로브가 회색 같은 은색이었으며 미스릴 색이 아니었던 것도 같지만 자세히는 모르겠다고 합니다. PC들에게 미스릴 학파를 찾아갈 이유를 너무 강하게 주지 마십시오.)

두 사람은 노새를 일부러 광장 입구에 세우고 길을 막았습니다. (그래서 럼니는 화가 났습니다.) 그러더니 하나가 수레를 노새에서 풀고는 뒤집어서 호박을 쏟았습니다. (럼니는 혼란스러웠습니다.)

로브를 입은 사람들 (인간 남자가 확실하다고 합니다)은 수레와 호박을 두고서 재빨리 자리를 떴습니다. 그리고 그때 좀비가 은방패대 경비병을 공격하고 광장에 언데드 무리가 쏟아져 들어왔습니다. 그러더니 수레에서 호박머리 좀비가 일어나더니 사람들에게 호박을 던지기 시작했습니다.

럼니는 로브 입은 사람들이 누군지 알아채지 못했지만, 호박 수레와 노새는 누구 것인지 알아봤습니다. 안장 구역에 있는 럼니의 공방 근처에서 마굿간과 잡화상을 경영하는 하프엘프 상인 파자리우스 레인입니다. 럼니는 전에 길을 가다가 그 노새에게 물린 적이 있기 때문에, 파자리우스의 것임을 확실히 알고 있습니다. 그러나 호박의 주인이 누군지는 모르겠다고 합니다.

안장 구역

안장 구역의 동서로는 학교 구역과 관청 구역이, 남북으로는 평민 구역과 부두 구역이 있습니다. 이곳에서는 온갖 종류의 상공인들이 일하고 있으며, 그 중에는 제품에 마법적 성질을 담는 재능이 있는 사람도 있습니다. 안장 구역의 거리는 폭도 더 넓고 더 고르게 되어 있습니다. 은방패대의 순찰도 자주 볼 수 있지만, 이제 저녁에는 좀 뜸합니다. 그래도 점등사 길드의 가로등이 많이 있어 밤에도 그리 어둡지 않습니다. 엘돌란의 중심이라고 할 수 있습니다.

이 구역에는 주점도 공연장도 많기 때문에, 해가 진 뒤에도 학생과 하급 귀족들, 상인들을 흔히 볼 수 있습니다. 공방들은 한두 사람이 일하는 작은 것도 있지만, 여러 사람이 근무하는 몇 층짜리 대형 공방도 있습니다. 안장 구역에 들어가려면 동전 몇 닢의 통행료를 내야 하기 때문에, 내부 업체에서 발행한 작업 지시서가 없는 가난한 서민은 거의 들어오지 않습니다.

안장 구역의 북동쪽, 건물이 적은 곳에는 점등사 길드의 본부인 등잔공방이 있습니다. 이곳은 물공장이 위치한 곳이기도 합니다. 물공장은 지상으로는 2층밖에 안 되지만, 지하로는 깊습니다. 땅 밑에 흐르는 울러 강에서 물을 끌어올려 엘돌란 각 구역에 공급하는 것이 물공장의 역할입니다. 산 중턱에 있는 학교 구역과 관청 구역에도 여기서 물이 공급됩니다. 이곳을 운영하는 것은 크리엘슨 가문이라는 드워프들입니다 (이 시나리오에는 등장하지 않습니다).

안장 구역과 표상들의 관계

안장 구역에는 마법의 재능을 가진 솜씨 있는 장인들이 많이 있습니다. 이로써 물약, 기름, 그 밖의 마법적이거나 준마법적인 물건들을 만들어 팝니다. 장인들 중에는 드워프도 많고 드워프 왕과 관계가 있는 사람들도 많습니다. 이들은 야외나 먼 도시에서 가져온 특별한 재료를 비싼 값에 사들이고, 때로는 천연의 신비한 재료를 얻기 위해 큰드루이드와 관련 있는 사람들과도 거래를 합니다.

최근 오크 두령의 병사들과 야만족을 상대로 싸우는 제국 군인들이 새로운 문제를 겪고 있습니다. 오크 두령의 세력이 독가스, 산, 폭발하는 불과 같은 연금술 병기를 사용하기 시작한 것입니다. 황제의 요원들이 조사한 결과, 이 병기들이 엘돌란에서, 그리고 거의 확실히 안장 구역에서 만들어지고 있다는 사실이 밝혀졌습니다. 이 표상들에 관련된 PC들은 오크들에게 연금술 무기를 파는 자들을 찾아내거나, 그런 무기를 도시 밖으로 운반하는 역할을 맡을 수 있을 것입니다. (이런 일에는 그림자 대공과 관계된 PC들 또한 끼어들 여지가 있습니다.)

파자리우스와의 대화

파자리우스 레인은 말주변이 좋은 하프엘프 상인입니다. 온갖 종류의 상품을 다루고, 그 대부분은 합법입니다. 검은 머리에 반짝이는 파란 눈을 하고 있고, 오른쪽 뺨에 오래된 흉터가 있어 좀 위험해 보입니다. 잡화상도 운영하지만, 마을 곳곳의 건설 현장에 수레와 노새를 빌려주는 것이 주된 사업입니다. 호객 광장이 습격당하고 몇 시간이 지나면, 파자리우스는 길을 막고 있던 호박 수레에 관한 이야기를 들을 것입니다. 자기가 판 수레와 노새라는 것을 알기 때문에, 자기에게도 불똥이 튈까 봐 걱정하고 있습니다. 그래서 나서서 이야기하지 않은 것입니다. 그런 사건과 관계되었다는 것이 알려지면 사업은 끝장입니다.

공격이 일어나고 나흘 동안, 파자리우스는 가게의 문과 창문을 닫아 걸어 휴업을 합니다. 밖으로 나가지도 않습니다. PC들이 계속 문을 두드리거나, 협박을 하거나 뇌물을 주겠다고 하면 위층 창문을 열고 무슨 일인지 물어볼 것입니다. 그 전에도, 기초적인 관찰만 하면 건물 안에 사람이 있다는 것은 알 수 있습니다 (동네 아이들에게 몇 푼을 주고 물어 보아도 알 수 있습니다).

수레에 관해 파자리우스의 입을 여는 것은 쉽지 않을 것입니다. 난이도 15의 매력 판정 (교섭, 허풍) 또는 근력 판정 (위협), 아니면 그 비슷한 다른 판정이 필요합니다. 수레와 노새가 당신 것이라는 게 밝혀졌다고 말하는 것만으로도 파자리우스는 침묵을 포기할 수 있습니다. PC들이 판정에 실패하더라도 파자리우스가 사정을 털어놓게 하여 이야기를 진전시키십시오. 그러나 판정에 실패했으면 가게를 감시하던 첩자들의 보고를 받고, 그레이슨이 더 철저하게 준비를 하게 됩니다.

파자리우스가 입을 열면 다음의 정보를 제공할 것입니다:

제13시대 - 엘돌란의 그림자들

- 수레와 노새는 자기가 판 것이 맞습니다. 호박은 농부가 와서 농기구와 바꿔 간 것입니다. 파자리우스는 호박을 살 사람을 찾고 있었습니다.
- 습격이 있기 하루 전, 가게에 남자 하나가 들어와 호박, 수레, 노새를 사겠다며 거부할 수 없는 액수를 제시했습니다 (35gp). 값이 너무 좋아서 잠깐 이상하게 생각했지만, 그 돈을 앞에 두고 의심을 표할 수는 없었습니다.
- 이 사람은 자기가 그레이슨이라고 했습니다. 노동자의 옷을 입고 있었지만 손에는 굳은 살이 없었고, 궂은 일을 하는 사람처럼 보이지도 않았습니다. 파자리우스는 그레이슨이 목에 놋쇠 목걸이를 걸고 있는 것을 보았고, 목걸이의 생김새가 익숙하다는 느낌이 들었지만 어디 것인지는 확실치 않았습니다. (점등사 길드 마법사들이 착용하는 길드 목걸이와 비슷합니다. 최면술이나 마법 등으로 파자리우스의 기억을 되살리려 할 경우, 난이도 25로 판정을 허용하십시오.)
- 파자리우스는 그레이슨이 가게를 나가며, 밖에서 기다리고 있던 사람에게 말하는 것을 들었습니다. "옛 양조장"에 수레를 보관한다는 얘기였습니다. 옛 양조장은 비어 있고 귀신이 나온다는 것을 누구나 알고 있기 때문에 좀 이상하다고 생각했습니다.
- 파자리우스는 이야기를 마치면 PC들의 소속을 묻고, 제발 자기 얘기는 이 사태에서 빼 달라고 간청합니다.

이 정보를 따라가면 PC들은 아마 옛 양조장에 가게 될 것입니다. 그러나 점등사 길드와의 관계를 알아냈다면 등잔공방으로 갈 수도 있습니다. 물론 그레이슨은 가명이며, 그런 사람은 길드에 없습니다. 양조장의 위치는 안장 구역 사람이라면 누구나 가르쳐 줄 수 있습니다.

옛 양조장

안장 구역과 부두 구역의 경계에 있는 옛 양조장은 "맥주의 달인들"이라는 드워프들이 술을 만들던 곳이었습니다. 엘돌란이 작은 마을이던 시절에는 충분했지만, 해머블로우 스타우트를 비롯한 맥주와 증류주의 인기가 하도 높아져 이 양조장으로는 부족하게 되었습니다. 양조장의 일이 늘어나고 직원이 늘어나자 작업 안전보다 효율을 중시한 구조 때문에 각종 사고가 일어났고, 맥주의 달인들은 평민 구역에 훨씬 크고 안전한 양조장을 새로 짓게 되었습니다. 옛 양조장은 실험적인 술을 만드는 데에 계속 사용되었지만, 역시 사고가 빈발하여 완전히 폐쇄되었습니다.

그렇게 여러 해가 지났고, 이곳에는 죽은 양조장 직원들의 유령이 나온다는 소문이 돌았습니다. 부랑자와 노숙자들이 이곳에서 밤을 보내는 바람에 그 소문은 잦아들지 않았습니다. 이 기회를 놓치지 않고, 탐구회가 몇 년 전 양조장에 들어와 부랑자들을 쫓아내고 창고 겸 모임 장소로 쓰기 시작했습니다. 탐구회가 유령 출몰을 위장하고, 때로는 살인까지 벌여 입을 막는 바람에, 이제는 아무도 옛 양조장에 다가오지 않습니다.

그레이슨 (본명은 아브로스 풀러)과 그 부하들은 호객 광장에서 사용된 수레를 이곳에 보관했습니다. 원치 않는 방문자들이 오지 못하도록 대비도 해 놓았습니다. 좀비를 호박 수레에 실으면 재미있겠다고 생각한 것은 잘렌입니다. 마지막 순간에 좀비에게 호박 머리를 씌운 것도 잘렌입니다.

옛 양조장의 구조

옛 양조장에는 그레이슨만 있는 것이 아닙니다. 20세의 인간 남자인 잘렌이 조수로 붙어서 거의 모든 일을 같이 합니다. 잘렌은 그레이슨이 잊혀진 지식의 탐구회에 속해 있다는 것까지는 모르지만, 뭔가 나쁜 사람들과 일한다는 것은 알고 있습니다. 그래도 보수가 좋으니 괜찮다고 생각합니다. 두 사람은 좀비 습격 후에 양조장에 틀어박혀 있습니다. 시간이 지나면 물자를 구하러 둘 중 하나가 밖으로 나올 테지만, 그것도 최소 3~4일이 지난 후의 일입니다.

옛 양조장은 세 구역으로 되어 있습니다. 양조실, 사무실과 시음실, 그리고 양조실 지하의 창고입니다. 지도에 더 자세한 사항이 나와 있습니다 (p.44).

양조실

양조실은 건물의 절반 정도를 차지하고 두 층에 걸쳐 있습니다. 묵직한 나무 문 두 개를 통해 수레가 길에서 바로 양조실로 들어갈 수 있게 되어 있지만, 이 문들은 굵은 쇠사슬과 자물쇠로 안쪽에서 잠겨 있습니다. 문을 조금 밀어서 열면 자물쇠가 드러납니다. 자물쇠는 기름이 쳐져 있고, 최근에 사용된 것을 알 수 있습니다. 사슬을 끊거나 자물쇠를 따는 것은 난이도 15 판정입니다. 실패해도 문이 열리기는 하지만, 소리가 크게 나는 바람에 그레이슨과 잘렌이 알아채고 PC들을 기습할 준비를 합니다.

문 안에는 작은 마루가 있고, 그 위에 망가진 수레 둘이 있습니다. 수레의 오른쪽으로는 도르래와 윈치가 5m 높이의 대들보에 매달려, 양조실의 대부분을 차지하는 반지하층 안으로 낡은 밧줄들을 드리우고 있습니다. 반지하층의 깊이는 약 10m이고, 안에는 거대한 나무통이 둘 있습니다 (통은 뚜껑이 없고, 높이가 5m입니다). 난간 없는 나무 구름다리가 나무통 위를 건너, 12m 저편의 반대쪽 마루로 이어져 있습니다. 반대쪽 마루에는 사무실들과 시음실로 통하는 문이 있습니다. 그리고 삐걱거리는 나선계단이 반지하층으로 이어집니다. 사무실 하나에는 양조실을 내려다 보는 창문이 나 있습니다.

반지하층에는 나무통만 있는 것이 아니라 작업 테이블, 빈 술통, 곳곳으로 이어진 구리 파이프, 그리고 직원들의 수면실로 이어지는 아치가 있습니다. 수면실의 안쪽으로는 지하의 창고로 이어지는 경사로가 있지만, 위에서는 보이지 않습니다.

사무실과 시음실

길에서 시음실로 통하는 문이 있지만 (직원들이 출입하던 문입니다. 이제 안팎으로 못질이 되어 있어서 열려면 시간이 걸립니다 (그리고 시끄러울 것입니다). 시음실은 큰 나무 탁자가 중앙에 있고, 주변에 술통 몇 개가 의자 대신 놓여 있습니다. 짧은 복도를 지나면 양조실로 통하는 문이 나옵니다. 시음실은 사무실 세 곳과도 통해 있습니다. 그레이슨과 잘렌은 그 중 두 곳을 자는 방으로 개조하고, 하나를 음식 창고로 바꿨습니다.

창고

양조실 반지하의 경사로를 따라가면 지하실이 나옵니다. 지하실은 방 두 개로 되어 있습니다. 이곳은 양조실에서 넘치는 액체를 배수하고 효모를 비롯한 양조 재료, 손펌프, 술지게미를 저장하는 데 쓰였습니다. 술지게미는 이미 오래 전에 썩어 없어졌지만 냄새는 아직 납니다. 천장에는 둥근 구멍이 둘 있고, 짧은 구리 파이프 둘이 나와 있습니다. 한때 배수 시스템의 일부였던 것으로 보입니다. 바닥에는 하수도로 이어진 구멍이 있고, 그 위에 큰 쇠격자가 덮여 있습니다.

그레이슨은 작은 방에 구울 무리를 두고 있습니다.

유령 놀이

PC들이 양조장에 들어간 뒤는 언제든지, 하지만 특히 그레이슨과의 전투가 고조되어갈 무렵에, 이 양조장에서 일하다가 죽은 드워프인 웰가 드랩스파의 유령을 등장시켜 코미디 요소를 추가할 수 있습니다. 웰가는 자기가 죽었다는 사실을 모르고 양조장을 돌아다닙니다. 웰가는 업무 중에 만취해서 발을 헛디디는 바람에 반지하층에 추락, 목이 부러져 죽었습니다. 웰가는 자기가 죽었다는 것을 깨닫기 전에는 (또는 누가 가르쳐 주기 전에는) 취한 상태로 이곳을 배회하게 되어 있습니다.

웰가는 전투 중인 사람들 사이를 비틀거리고 오가며, 댁들이 양조장을 망가뜨리고 있다고 나무라고, 구름다리에서 조심하라고 경고합니다 ("사람이 다치면 사장님이 화내신단 말이야"). 잔뜩 취해서 전투 중에 참견을 하는 것입니다. 혼령이기 때문에 피해를 입지 않습니다.

아니면 전투에 실제로 영향을 주게 할 수도 있습니다. 일반 행동으로 웰가에게 도와달라고 요청을 하면, 난이도 20의 기능 판정을 합니다. 성공하면 웰가의 유령이 적을 밀쳐 떨어뜨리거나 붙잡아서 (다음 번 적의 차례가 끝날 때까지 고정됩니다) 도와줍니다. 실패하면 웰가는 PC에게 똑같은 짓을 합니다.

웰가를 사용하면, 전투가 끝난 후에 양조장에 관한 정보를 얻을 수도 있습니다 (어쩌면 비밀 금고가 있을 수도 있습니다. PC들이 처음에 표상들로부터 마법적 도움을 별로 받지 못했다면, 여기서 마법 물품을 하나 얻는다고 해도 좋습니다). 아니면 10년 전의 엘돌란에 관한 정보를 얻을 수 있을지도 모릅니다. 아니면, 웰가가 영면에 들 수 있도록 도와줄 경우 뭔가 좋은 것을 얻을 수 있다고 해도 좋습니다.

양조장 들어가기

그레이슨과 잘렌은 현재 양조장에 몸을 숨기고, 시음실에서 술을 마시고 도박을 하며 시간을 보내고 있습니다. 못질이 된 문을 부수고 들어가려 하면 둘은 일찌감치 눈치를 채고 구름다리 반대쪽으로 가서 망가진 수레 뒤에 숨고 기습을 할 것입니다. 그레이슨은 또한 음식 창고로 개조한 사무실에 드워프 해골 2구를 경비용으로 마련해 놓았습니다.

양조실로 통하는 문의 쇠사슬을 끊거나 자물쇠를 딸 경우에도 그레이슨이 눈치를 챌 가능성이 있지만, 두 번째 경보 시스템도 있습니다. PC가 양조실에 들어오면 고블린 해골처럼 생긴 경비 정령이 허공에서 나타나 쉰 목소리를 묻습니다. "암호를 대라!"

"암호"는 유령얼굴이지만, PC들이 그것을 알 가능성은 거의 없습니다 (여기서 표상 혜택을 쓰는 것도 좋습니다). 바로 암호를 대지 못하거나 틀린 암호를 말하면 정령은 비명을 질러 그레이슨에게 알릴 것입니다. 마법으로 정령을 제거하거나 혼란시키려고 하면 허용해도 좋지만 어려울 것입니다 (난이도 25). 정령의 입을 다물게 할 방법을 찾은 경우, 들어갈 때 너무 시끄러워서 그레이슨이 기습을 준비하고 정령을 치워 놓은 경우, 또는 시음실쪽 문으로 들어간 경우는 그에 맞게 아래의 내용을 조정하면 됩니다. 행동 순서 판정을 합니다!

플레이어들에게 읽어 줍니다: 작은 정령이 비명을 지르고, 여러분은 양조장 내부를 급히 훑어 봅니다. 여러분이 있는 곳은 깊이 10m 정도인 네모난 구덩이 가장자리의 마루입니다. 구덩이 바닥에는 커다랗고 둥근 나무통 둘이 나란히 놓여 있습니다. 통 안은 비어 있습니다. 구덩이를 가로지르는 길이 12m 정도의 좁은 나무 구름다리가 있습니다. 구름다리를 건너면 방의 반대쪽 마루로 이어집니다. 그쪽에 아래로 내려가는 낡은 나선계단이, 그리고 1층의 다른 구역으로 통하는 문이 보입니다. 그 문이 열리면서, 키 작고 굵은 해골들이 나타나 구름다리 앞을 막아섭니다. 그 뒤를 인간 두 명이 따릅니다. 하나는 로브를 입고 있습니다. 해골들은 생전에 드워프였던 것 같습니다. 로브를 입은 자가 비웃음을 띄우며 말합니다. "바보들. 여기 온 게 너희 잘못이다. 이제 죽어라!"

전술: 드워프 해골 둘은 그레이슨의 명령에 따라 구름다리를 지킬 것입니다. 잘렌은 반대편 마루에서 쇠뇌로 공격을 합니다. 그레이슨 (아브로스)은 상당히 솜씨 있는 마법사이기 때문에, 역시 반대편 마루에서 원거리 공격을 합니다. (이들이 기습을 하는 경우, 첫 라운드가 시작되기 전에 둘이 한 번씩 공격을 합니다. PC들이 시음실 쪽 문으로 들어왔다면 반대쪽 마루의 수레 뒤에서 나옵니다.) 그레이슨에게는 비장의 수가 두 개 있습니다. 하나는 구름다리 중간에 새겨 놓은 폭발의 룬입니다. 자유 행동으로 말 한 마디만 하면 룬이 폭발하여 다리와 그 위의 모두가 아래층으로 떨어집니다. 그레이슨은 PC 한 명이 안전하게 다리를 건너 온 후, 두 번째 PC가 건널 때 룬을 발동시킵니다 (첫 번째 PC는 뒤가 막힌 상태에서 해골 둘을 상대해야 합니다). 아니면, 첫 번째 PC가 구름다리를 건너는 것을 드워프 해골 하나가 막아서게 하고, 두 번째 PC가 건널 때 한꺼번에 바닥으로 떨어뜨릴 수도 있습니다. 이 경우 각각 보통 극복 판정에 성공하면 추락을 면할 수 있습니다.

구름다리의 끝에서 1.5m를 넘게 가 있는 PC는 룬이 폭발할 때 아래층이나 나무통 속으로 떨어질 수 있습니다. 가장자리에 있는 캐릭터는 보통 극복 판정에 성공하면 나무통이 아니라 바닥에 떨어집니다. 어디에 떨어지든 피해는 3d6이지만, 문제는 나무통의 바닥이 썩어서 여기에 떨어지면 지하실까지 추락한다는 것입니다 (썩은 나무가 충격을 완화해 줘서 추가 피해는 없습니다). 폭파된 구름다리는 중간에서 9m 정도가 사라집니다 (도움닫기를 해서 뛰어넘는 것은 난이도 20입니다).

두 번째 비장의 수는 지하실의 작은 방에 가두어 둔 **갓 깨어난 구울 다섯**입니다. 그레이슨은 짧은 행동을 써서 구울들이 갇혀 있는 방의 빗장을 해제할 수 있습니다. 그러면 굶주린 구울들이 쏟아져 나와 공격합니다! 지하실에서 경사로를 따라 양조실로 올라오는 데에는 한 라운드가 온전히 걸리지만, 1층의 마루 가장자리에 있는 동료들은 부서진 통을 통해 지하를 볼 수 있으므로 단거리에 있는 것으로 칩니다.

PC가 4명밖에 없으면 구울 하나와 드워프 해골 하나를 제거합니다. PC가 6명이면 구울 셋을 추가합니다. 그레이슨의 첩자들이 파자리우스 레인을 감시하고 있었다면, 그레이슨과 잘렌은 미리 기다리고 있다가 기습할 것입니다. 그레이슨을 기습할 방법을 PC들이 찾아내면 구름다리/나무통은 등장하지 않을 수도 있지만, 그래도 그레이슨은 구울을 풀 것입니다. 이 경우에는 지하 창고에서 구울들이 나와 고조 주사위가 2가 되었을 때 전투에 참가합니다. PC들이 두 명 이상 지하실로 떨어진 경우, 이 전투는 2배 위력으로 간주하십시오.

갓 깨어난 구울

"우리 배가 고파아아."

2레벨 조무래기 [언데드]
행동 순서: +5
취약: 신성

긁적이는 발톱 +7 vs. 장갑 - 3 피해

순수 16+: 대상은 구울의 다음 차례가 끝날 때까지 언데드의 공격에 취약하게 됩니다 (대상에 대한 공격은 대성공 범위가 2만큼 확장됩니다).

한 근의 살: 갓 깨어난 구울의 발톱과 이빨 공격은 취약해진 대상에게 +2 피해를 줍니다.

장갑 17	
신방 15	체력 9 (조무래기)
정방 11	

조무래기: 무리에 9 피해가 가해질 때마다 갓 깨어난 구울 하나가 죽습니다.

드워프 해골

"삐걱 . . . 삐걱 . . . 삐걱."

1레벨 수호자 [언데드]
행동 순서: +3
취약: 신성

뼈 주먹 +6 vs. 장갑 - 5 피해
순수 짝수 명중: 해골의 뼛조각이 상처에 박힙니다. 대상은 5 지속 피해를 입고, 드워프 해골은 1d6 피해를 입습니다.

끈질긴 적: 드워프 해골보다 행동 순서가 느린 적은 드워프 해골로부터 물러서는 판정에 -5 페널티를 받습니다.

무기 저항 16+: 드워프 해골은 무기 공격의 대상이 되었을 때 공격 판정이 16+가 아니면 피해를 절반만 입습니다.

숙련된 가로막기 11+: 라운드당 한 번, 접전중인 드워프 해골은 적으로부터 이탈하여 자기를 지나치려는 적을 가로막으려고 시도할 수 있습니다. 보통 극복 판정에 성공하면 가로막은 것이 됩니다.

장갑 15
신방 14 체력 25
정방 13

잘렌

"바보야, 너도 이제 구울 밥이다!"

1레벨 궁수 [인간형]
행동 순서: +4

단도 +5 vs. 장갑 - 4 피해
빗나감: 2 피해.

원: 쇠뇌 +6 vs. 장갑 - 5 피해
순수 짝수 명중: 대상은 균형을 잃습니다. 위험한 곳 (구름다리나 마루 가장자리)에 있다가 난이도 15 기능 판정을 하여 실패하면 떨어집니다.
순수 18+: 대상은 3 피해를 더 입습니다.

재빠름: 잘렌은 물러서기 판정에 +5를 받습니다.

장갑 17
신방 14 체력 25
정방 12

그레이슨, 탐구회 마법사

"이게 네 마지막 실수다!"

2레벨 술사 [인간형]
행동 순서: +5

뼈 마법봉 +6 vs. 장갑 - 6 피해

원: 마력의 화살 +7 vs. 신방 - 7 마력 피해. 대상은 균형을 잃습니다. 위험한 곳 (구름다리나 마루 가장자리)에 있다가 난이도 15 기능 판정을 하여 실패하면 떨어집니다.

원: 무덤의 파동 +7 vs. 신방 (단거리에 있는 같은 집단의 적 1d3명) - 4 음에너지 피해
순수 16+: 대상은 취약해집니다 (극복 가능).

접: 유령의 손 +7 vs. 정방 (그레이슨과 접전중인 적 모두) - 2 음에너지 피해. 대상은 유령 손에 당겨져 그레이슨으로부터 이탈합니다.
사용 제한: 전투마다 한 번. 짧은 행동.

죽음을 향해 한 발짝: 그레이슨이 비틀거리면 몸이 마치 유령처럼 변하고, 전투가 끝날 때까지 마력 피해를 제외한 모든 피해에 대해 저항 16+가 생깁니다.

장갑 17
신방 13 체력 33
정방 16

전리품: 구울과 해골들은 가진 것이 없습니다. 그레이슨은 마법 재료가 든 주머니들이 잔뜩 있고, 25gp와 더불어 흑마노 반지가 둘 있습니다. 하나는 20gp짜리 해골 반지이고, 다른 하나는 안쪽에 은으로 룬이 그려져 있는 10gp짜리입니다. 둘 다 마법적이지 않지만, 두 번째 반지에 그려진 룬은 위험과 죽음을 나타냅니다. 그레이슨이 입은 낡은 회색 로브는 숨겨진 장막의 도학자들이 입는 로브이지만, 침실에 보면 잘 관리된 자주색 점등사 로브가 있습니다. 한쪽 주머니에는 가로등 모양의 장식이 달린 놋쇠 목걸이가 들어 있습니다 (점등사 길드의 상징입니다).

그 후: 그레이슨의 로브 주머니에는 쪽지가 있습니다. "아브로스, 수레 건은 잘 했소. 공격은 효과적이었지만, 끼어든 놈들 때문에 생각만큼 수확은 없었지. 일단 숨어 있다가, 잠잠해지면 다음 번 배달이 있으니 꿈팔이의 극장으로 오시오." 서명한 사람은 파울로스입니다. PC들이 이미 파울로스를 만났으면 다른 탐구회 사람이 보낸 것으로 하십시오. 다음 단계로 넘어갈 준비가 되었다면 아를리사 덴트의 이름을 사용하면 됩니다. 그레이슨이 탈출했으면 이 쪽지는 사무실에서 발견할 수 있습니다.

그레이슨은 붙잡히면 미친 듯이 웃기만 할 뿐 심문에 응하지 않습니다. 탐구회의 존재를 포함하여 그 비밀을 발설하면 가라도스가 걸어 놓은 주문이 발동되기 때문입니다. 이 주문은 그레이슨의 숨을 막히게 하고 혀를 재로 만들어, 대응을 하기 전에 죽이는 저주입니다. 고문을 당하면 그레이슨은 일부러 이 주문을 발동시킬 것입니다.

그레이슨이 가지고 있는 점등사 길드 목걸이를 근거로 삼아 PC들이 점등사 길드에 찾아가게 될 수도 있습니다. 이것이 첫 번째 단서였고 PC들이 등잔공방에 너무 빨리 찾아가게 되는 것 같으면 목걸이는 제외해도 좋습니다. 길드 사람들은 그레이슨이라는 사람을 모릅니다. 그러나 몇 주 동안 휴가를 내고 있는 아브로스라는 사람은 회원 중에 있습니다.

놓친 단서들

PC들의 수사가 어떤 이유로든 막히면 표상 관계 판정을 시키거나, 세션이 시작될 때 나왔던 관계 혜택을 사용하게 하십시오. 이로써 새로운 정보를 얻고 새로운 단서를 추적할 수 있게 될 것입니다. 5가 나왔으면 그 정보에는 대가나 어려움이 따릅니다. 혜택이 여럿 나왔으면 NPC들을 거치지 않고 바로 얻을 수 있는 정보를 주거나, 전투에서 적의 수를 줄이는 것도 좋습니다. 아니면 표상 관계 대신, PC들이 부랑자, 공무원, 은방패대 같은 사람들과 대화하게 하고 판정을 시키십시오. 성공하면 단서가 나오고, 실패하면 시간이 더 걸리거나 적이 더 강해지지만 그래도 필요한 정보는 얻습니다. 액션이 멈추지 않게 하는 것이 중요합니다!

점등사 길드

PC들이 딱히 단서 없이도 참고 삼아 점등사 길드를 찾아가려 할 수 있습니다. 아니면 드디어 아를리사 덴트와 잊혀진 지식의 탐구회를 연결하는 정보를 찾아내어, 아를리사가 일하는 등잔공방에 갈 수도 있습니다. 어느 경우이건 간에, 이 길드에 관해 정보를 더 얻고 싶을 것입니다.

점등사 길드에 관한 기본적인 조사만 해도, 그 역할이 엘돌란의 광장과 거리의 밤을 밝히는 가로등을 관리하는 것이라는 점은 알 수 있습니다. 이 길드를 운영하는 것은 오래되고 존경받는 귀족 마법사 가문인 케스미르 가라는 사실 또한 널리 알려져 있습니다. 지금 길드장을 맡고 있는 것은 케스미르 가의 당주인 가라도스입니다. 가라도스는 학교 구역에서 골동품점을 운영하고 있습니다. 길드의 본부는 안장 구역의 등잔공방이라는 곳입니다.

가라도스는 동료 라레데스와 함께 학교 구역에서 운영하는 골동품점인 "유물 사냥터"를 운영하고 있습니다. 가라도스를 찾으러 가면 이곳에 도착하게 될 것입니다. PC들이 처음 도착했을 때 가게에 있는 것은 가라도스입니다.

등잔공방에 가면 그곳의 길드 마법사들이 기본적인 질문에 대답하고, PC들이 존중을 보이면 자세한 이야기도 해 줄 것입니다. 그러나 이들의 대답에서 얻을 수 있는 것은 많지 않습니다. 아를리사 덴트가 등잔공방의 담당 마법사라는 점, 길드의 목적이 도시를 밤에 밝히는 것이라는 점, 이 건물은 낮보다 저녁 무렵에 더 바쁘다는 점입니다.

가라도스가 탐구회 회원들을 점등사 길드에 배치하기는 했지만, 대부분의 길드 마법사들은 그 심장부에 자리잡은 악에 대해 모르고 있습니다. 그냥 마법 학교를 졸업하고 점등사 (저녁에 도시를 돌며 마법으로 가로등을 켜는 사람)나 등잔 장인 (마법등을 만드는 사람)으로 취직한 하급 마법사들일 뿐입니다. 점등사들은 소매에 가로등이 수놓아진 붉은 마법사 로브를 입고 점등사 길드의 목걸이를 걸어 신분을 나타냅니다.

가능하면 PC들이 점등사 길드와 좀비들에 관한 증거를 얻기 전에 케스미르 가와 가라도스에 대해 먼저 알게 하십시오. 가라도스를 가게에서 만나 두면 나중에 대결을 할 때 감회가 다를 것입니다.

PC들이 등잔공방에 침입하려 하면, 또는 아를리사 덴트와 좀비 습격에 관한 증거를 발견해서 아를리사와 점등사 길드를 공격하려 하면, PC들이 아를리사의 범행을 증명하지 않는 한 길드 회원들 모두가 PC들에게 맞설 것입니다 (p.56, 아를리사 덴트와의 대결 참조).

학교 구역

학교 구역은 마법 학파들이 모여 있는 곳입니다. 학생, 교직원, 주민들이 모두 그렇게 부릅니다. 구역의 대부분은 교실, 기숙사, 자습실, 도서관, 연구실, 탑 등, 도학 마법의 연구에 필요한 건물들로 가득합니다. 그러나 여기에도 상점이 몇 있고, 여관과 주점도 있고, 그 밖에 마법사 학생들을 상대로 하는 가게들이 있습니다. 특히 안장 구역으로 연결되는 지점에 많습니다.

이곳으로 통하는 문은 단 하나, "샤줄의 문"뿐입니다. 이 문은 일반 경비병이 지키고 있지만, 마법적인 보호 수단도 있습니다. 학생들은 물론 영향력 있는 인사들, 공식 초대장이 있는 사람들은 이 문을 자유로이 지나다닐 수 있습니다. 그 외 사람들은 경비병들을 설득해야 할 것입니다. 이 구역을 다른 구역들과 나누는 절벽과 담장에는 보호진이 가득하기 때문에, 문을 우회하기는 어렵습니다. PC들이 그 안에 들어가기 위해 뭔가를 해야 하는지, 표상 혜택을 써야 하는지, 아니면 이미 적절한 표상과 관계가 있어서 통과가 되는지는 마스터가 정하십시오.

문을 지나고 나면 아무도 외부인에게 신경을 쓰지 않습니다. 단, 학교 부지에 들어가려 하면 다릅니다. 그쪽은 훨씬 더 강력한 보호진과 철저한 경비가 되어 있어서, 교수와 학생만이 출입할 수 있습니다. (엘돌란의 마법 학파들에 관해 이 시나리오에는 자세히 나와 있지 않습니다. 그러나 원하면 얼마든지 설정을 해서, 탐구회를 찾는 수색을 마법의 교정으로까지 확장해도 좋습니다.)

자기 학파 색깔의 로브를 입고 연구실에서 강의실로, 술집에서 가게로 오가는 학생들을 흔히 볼 수 있습니다. 이곳은 엘돌란에서 야간 조명이 가장 좋은 구역입니다. 거의 모든 모퉁이에 점등사 길드의 가로등이 있습니다. 등의 색깔로 각 학파의 구역을 나타내기까지 합니다 (파란색, 반짝이는 은색, 금색).

골동품점 유물 사냥터는 안장 구역과 학교 구역을 구분하는 벽 근처, 사원 구역을 내려다 보는 낮은 절벽의 가장자리에 붙어 있습니다. 그 밖에도 벽과 절벽을 따라 마법에 관련된 물건들을 파는 가게가 늘어서 있습니다. 물약 가게도 둘 있습니다.

유물 사냥터

학교 구역에 사는 사람이라면 누구나 유물 사냥터가 어디 있는지 압니다. 그 간판에는 이 구역에서 아주 흔히 볼 수 있는 대마도사의 상징과 함께 빛이 쏟아져 나오는 열린 상자의 그림이 그려져 있고, 그 아래에 가게의 이름이 있습니다. 이런 글귀도 있습니다: "지난 시대들의 골동품을 사고, 팔고, 교환합니다."

가게는 크지 않지만 선반이 많고 물건도 많습니다. 여기 있는 물건들은 도학 마법을 쓰는 사람이나 옛 지식을 좋아하는 사람들의 마음에 들 것입니다. 마법 서적으로 가득 찬 서가가 하나 있습니다. 여기에는 제13시대, 제12시대, 제11시대의 역사책들 (어쩌면 소설책들), 사소한 주문서, 유용한 의식이 담긴 두루마리 한두 개 같은 것들입니다. 마법봉 (마법에 쓸 뿐이지, 그 자체로 마법적이지는 않습니다), 낡았지만 편안한 모자들, 마법사의 상자들 (마법 인장을 찍지 않고 열면 안에 든 것이 파괴됩니다), 그리고 그 밖의 신기한 것들이 가득합니다. 이 가게에는 대마도사쪽 사람들이 이맛살을 찌푸릴 "흑마술"에 관련된 물건은 하나

학교 구역과 표상들의 관계

드라켄할 총독 (삼두회 중 하나인 청왕)의 공식 대표인 푸른 주술사들의 사절단이 철의 바다에서 나는 마법 재료의 교역 협상을 하기 위해 엘돌란에 도착했습니다. 그러나 사절단의 하인들인 하급 주술사들 (첩자이기도 합니다)과 학교의 학생들 (대마도사)이 학교 구역에서 만날 때마다 충돌이 벌어지고 있습니다. 아직 결투까지는 일어난 적이 없지만, 그럴 뻔한 적은 몇 차례 있습니다. 이에 관해 민원이 발생하여, 제국 관리들도 관심을 보이게 되었습니다 (황제).

이 구역에 있는 동안, PC들이 주술사와 마법사 사이의 결투를 보게 될 수도 있습니다. 어느 한쪽이 편을 들어달라고 할 수도 있고, 결투 결과 사람이 죽어서 법적/정치적 싸움이 되면 어느 쪽인가에서 증인이 되어 달라고 할 수도 있을 것입니다.

도 없습니다 (카운터 뒤에는 몇 가지 있을지도 모릅니다).

경비 정령들 몇이 가게를 지키고 있어서, 누가 물건을 주머니에 쑤셔 넣는 것 같으면 소리를 칩니다. 문에는 도난방지용 마법진이 잔뜩 새겨져 있습니다 (주인의 마법 인장을 물건에 찍지 않으면 가게 밖으로 가지고 나갈 수 없습니다). PC들이 이곳에 처음 왔을 때는 가라도스가 카운터에 있을 것입니다.

가라도스와의 만남

가라도스는 키크고 날씬한 인간입니다. 얼굴이 길고, 회색이 섞인 검은 수염을 하고 있습니다. 실내에서 너무 오래 지내는 대부분의 마법사들처럼 피부는 창백합니다. 로브는 학교 구역의 마법사들 대부분보다 덜 구겨져 있고 품질도 좋습니다. 어두운 은색과 붉은색이 섞인 안개천으로 되어 있고, 한쪽 소매에는 가문의 상징인 가로등이, 다른 쪽 소매에는 미스릴 학파의 미스릴 톱니바퀴가 수놓아져 있습니다. 마법적 룬도 로브 곳곳에 박혀 있습니다. 모자는 쓰지 않고 있으며, 앞머리가 벗겨졌지만 그래도 남은 검은 머리를 길게 뒤로 늘어뜨리고 있습니다. 말하는 것을 보면 교육 수준과 세련됨이 느껴집니다. 느리고 정확하게 말하는 도중에 오른쪽 눈이 꿈틀거리는 것이 인상적입니다.

표상 관계 판정에서 비롯된 어려움의 결과로 가라도스가 PC들에게 첩자를 붙였거나 PC들이 등잔공방에서 길드와 좀비 습격에 관해 공공연히 이야기한 경우를 제외하면, 가라도스는 손님이라고 생각하고 자기 소개와 더불어 물건을 팔려 할 것입니다. 그러나 점등사 길드나 좀비 습격에 관해 물으면 조심스러워집니다. 하지만 가라도스는 어렸을 때부터 사람을 속여왔기 때문에 거짓말에는 뛰어납니다. 가라도스가 거짓말을 하고 있거나 사실을 숨기고 있음을 알기 위한 판정, 또는 그 반응을 가늠하는 판정은 난이도 25입니다. (PC들이 처음 만났을 때는 가라도스가 뭔가를 숨기고 있는 것이 아니라 그냥 늙은 괴짜 마법사인 것으

로 플레이할 것을 권합니다.)

가라도스는 점등사 길드와 호객 광장 좀비 사건의 관련성을 알아냈다는 말을 들으면 어떤 정보가 있는지 물을 것입니다. 관련이 약해 보이면 가라도스는 부정하며, 길드의 기준에 미달하여 쫓겨난 마법사들이 있었다며 그쪽을 탓합니다. 누가 로브를 훔쳐갔을 것이라고도 합니다 (흔한 일입니다). 편지나 자백을 증거로 들이밀면 가라도스는 심각한 표정을 지으며, 이것이 가벼운 일이 아니고, 사업에 큰 지장을 가져올 것이라고 합니다. 그리고 PC들에게, 자기가 어떻게 도우면 좋겠냐며 적극적인 지원을 약속합니다. 당장은 다른 일로 마법사 회의에 갈 일이 있지만, 등잔공방의 길드 간부인 아를리사 텐트에게 도움을 당부하겠다고 합니다.

물론 다 거짓말입니다. PC들이 가게를 떠나면 가라도스는 탐구회를 움직여 PC들을 죽이려 할 것입니다. PC들이 찾아갔을 때 아를리사가 PC들을 사지로 보낼 수도 있습니다. 이 첫 만남에서 중요한 것은 가라도스를 소개하고, PC들의 의심을 자신이나 길드가 아닌 다른 곳으로 돌리는 것입니다. PC들이 가라도스를 어떤 이유로든 공격하면, 싸우기보다는 교정으로 도망칠 것입니다. 그러면 미스릴 학파의 학생 여덟 명이 가라도스를 도우러 옵니다 (p.54의 점등사 수치를 사용하십시오). 가라도스는 교문으로 들어가 도망치려 합니다. 가라도스의 수치는 책 끝에 나와 있습니다. PC들보다 상당히 강하니 주의하십시오.

탐구회의 습격

PC들이 벌집을 쑤시면 가라도스나 아를리사가 탐구회를 동원하여 PC들을 빨리 제거하려 들 것입니다. 향후 몇 시간 또는 며칠 뒤에 (가라도스와 만난 직후에 일으키지는 마십시오), 탐구회는 PC들을 공격합니다. 웬만하면 치안이 안 좋은, 가난한 구역을 고를 것입니다 (학교 구역이나 관청 구역에서는 결코 공격하지 않습니다).

작은 광장이건, 길이건, 부두이건, 사무엘이라는 탐구회 잠복자가 고용된 자객 흑수선과 함께 나타나 PC들을 제거하려 합니다. 언제 어디서 공격하는 것이 가장 적절할지, 세부 사항은 마스터가 정할 필요가 있습니다. 하지만 해가 진 뒤에, 목격자가 많지 않을 때 하는 것이 좋습니다.

플레이어들에게 읽어 줍니다: 해가 지고, 건물들에 촛불이 켜지기 시작합니다. 여러분은 마법 가로등을 따라 길을 가고 있습니다. 그런데 여러분을 중심으로 가로등이 하나씩 꺼져갑니다. 눈이 어둠에 적응하자, 로브를 입고 해골 가면을 쓴 사람이 빠른 걸음으로 다가오는 것이 보입니다. 인간 남자이고, 양손에 흰 막대기를 한 다발씩 들고 있습니다. 낮은 목소리로 이렇게 말합니다. "우리는 너희의 훼방질에 지쳤다. 그러니 쓸데없는 놈들이지만 시체라도 쓸모 있게 만들어 주마!" 그리고 막대기들을 바닥에 던집니다. 지금 보니 뼈입니다. 그리고 남자가 주문을 읊자 뼈가 해골 병사가 되어 일어납니다.

전술: 뼈들은 어둠의 의식으로 처리된 물건입니다. 마법사 사무엘이 바닥에 던지면 낡은 검을 든 해골 병사 넷으로 변합니다. 마법사의 앞에 반원을 이루고 서서, 다가오는 자들은 누구든 가로막습니다. 자기들 차례가 되면 해골 병사 중 셋은 PC들에게 달려들고, 하나는 물러서서 마법사에게 다가오려는 적을 가로막을 준비를 합니다. 사무엘에게는 한 가지 수가 더 있습니다. 근처의 지붕 위에 흑수선이라는 드라우 여자 자객이 대기하고 있습니다. 처음에는 지붕 가장자리에 있다가, 이동 행동을 사용하여 사격 위치로 와서 쏘고, 다음 라운드에는 쏜 뒤에 뒤로 빠지는 식으로 행동합니다. 따라서 지상에서는 두 라운드에 한 번밖에 시야에 들어오지 않습니다.

전투가 벌어지는 장소에는 어떤 것도 있을 수 있지만, 흑수선의 공격을 쉽게 피할 수 있는 곳은 많지 않은 것이 좋습니다. 가까운 건물의 지붕에 기어오르려면 난이도 15의 근력이나 민첩성 판정을 해야 하지만, 흑수선은 그러려는 사람을 쏠 것입니다. 일이 잘 안 풀리면 사무엘은 체력이 10이 되었을 때 안개 구름 주문을 써서 남은 해골들에게 뒷일을 맡기고 도망을 시도합니다. 사무엘이 어느 쪽으로 도망쳤는지 알려면 난이도 15의 통찰 판정에 성공해야 합니다. 사무엘의 다음 차례가 될 때까지 적이 아무도 접전중이 아니면 안개 속으로 사라질 것입니다. 행동 순서 판정을 합니다!

PC가 4명이면 해골 병사를 하나 빼십시오. 6명이면 해골 병사를 하나 추가합니다. 이 전투에는 지도가 따로 없습니다.

해골 병사

말 없이 칼을 겨누고, 군무를 추듯 움직입니다.

2레벨 병사 [언데드]
행동 순서: +8
취약: 신성

검 +8 vs. 장갑 - 6 피해

무기 저항 16+: 해골들은 무기 공격의 대상이 되었을 때 공격 판정이 16+가 아니면 피해를 절반만 입습니다.

장갑 16	
신방 14	체력 26
정방 11	

흑수선, 자객 궁수

"………"

2레벨 궁수 [인간형]
행동 순서: +8

숨겨둔 단검 +7 vs. 장갑 - 5 피해

원: 단궁 +8 vs. 장갑 - 7 피해
　순수 16+: 대상은 +1d6 피해를 더 입습니다.

잔인한 사격: 흑수선의 원거리 공격은 대성공 범위가 고조 주사위만큼 확장됩니다.

이러기엔 보수가 너무 적어: 흑수선은 비틀거리게 되면 지붕을 타고 도망칩니다.

지붕의 여왕: 흑수선은 자기를 공격하는 적보다 높은 곳에 있으면 모든 방어에 +2를 받습니다.

장갑 17 (19)
신방 15 (17)　　　체력 36
정방 12 (14)

사무엘, 탐구회 마법사

"네 송장은 유용하게 써 주마."

2레벨 술사 [인간형]
행동 순서: +4

날카로운 뼈칼 +5 vs. 장갑 - 5 피해

원: 마력의 화살 +7 vs. 신방 - 6 마력 피해
　순수 홀수 명중: 사무엘은 짧은 행동으로 다른 대상 하나에게 마탄을 쏠 수 있습니다. 공격 판정은 없고, 대상은 2d4 마력 피해를 입습니다.

원: 탈진의 광선 +7 vs. 신방 (같은 집단의 적 1d2명) - 4 음에너지 피해. 대상은 다음 번 이동 행동을 잃습니다.
　순수 16+: 대상에게 임시 체력이 있는 경우 모두 없어집니다. 더불어, 대상의 다음 차례가 끝날 때까지 원기를 쓰면 통상의 1/2밖에 체력을 회복하지 못합니다.
　사용 제한: 전투마다 2회.

안개구름: 전투마다 한 번, 사무엘은 짧은 행동을 써서 영역을 짙은 안개로 채울 수 있습니다. 이 안개는 다음 번 사무엘의 차례가 끝날 때까지 지속됩니다. 안개 속에서 보거나 듣기 위한 판정은 -5 페널티를 받습니다 (인접해 있으면 면제). 그리고 단거리나 장거리에서 이 캐릭터에게 가하는 공격은 -4 페널티를 받습니다. 또한 안개 속에서 이루어지는 물러서기 판정에는 +5 보너스가 붙습니다.

마법 방패: 전투마다 한 번, 사무엘은 원거리 공격에 맞았을 때 자유 행동으로 절반 피해만 입기로 할 수 있습니다.

장갑 16
신방 13　　　체력 33
정방 16

전리품: 해골들은 죽으면 뼛조각 몇 개로 돌아가고, 값 나가는 것은 전혀 갖고 있지 않습니다. 흑수선은 일할 때 은화 몇 닢만 갖고 다니지만, 단검의 손잡이에는 25gp에 해당하는 묘안석이 박혀 있습니다. 사무엘은 주머니에 10gp가 있고, 각종 마법 재료를 갖고 있습니다. 또한 20gp에 해당하는 은제 외눈 해골 목걸이를 옷 속으로 매고 있습니다. 대마도사는 시체왕의 상징을 지닌 자들에게 생사를 불문하고 두당 30gp의 현상금을 내걸고 있습니다. 시체를 가져가면 검사 의식으로 확인을 거친 후 현상금을 줄 것입니다.

그 후: 사무엘은 붙잡혀도 입을 열지 않습니다. 죽이겠다고 협박을 해도 소용은 없습니다 (죽는 것이야말로 시체왕에 대한 봉사라고 생각하기 때문입니다). 고문을 하면 정보를 얻을 수도 있지만 시간은 걸릴 것입니다. 흑수선은 그냥 고용된 사람일 뿐이지만, 탐구회에 관해 아는 것이 몇 가지는 있습니다. 흑수선은 PC들이 자기를 풀어줄 것이라고 믿으면 (대화를 실제로 플레이하게 해도 좋고, 난이도 15의 판정으로 설득하게 해도 좋습니다) 아는 것을 말할 것입니다.

흑수선은 탐구회가 주로 안장 구역의 등잔공방에 모여 있지만, 명령을 내리는 것은 학교 구역에 있는 마법사라고 합니다 (가라도스의 이름은 모릅니다. 그러나 PC들이 다음 단계로 넘어갈 준비가 되었다면 아를리사 덴트가 이 공격을 지시했다는 것도 알고 있습니다). 흑수선은 점등사들이 전부 탐구회는 아니라는 것도 알고 있습니다.

등잔공방

등잔공방은 안장 구역 한쪽 끝에 위치한, 네모진 2층짜리 벽돌 건물입니다. 곁에는 둥근 3층짜리 탑이 연결되어 있습니다. 위층은 사무실과 회의실이고, 지하에 마법 장인들이 일하는 큰 공장이 있습니다. 눈에 띄는 입구는 둘입니다. 크고 튼튼해 보이는, 쇠로 된 정문, 그리고 탑을 통해 들어가는, 쇠띠를 두른 나무 곁문입니다. 곁문은 항상 빗장이 걸려 있습니다. 보이지는 않지만, 탑의 지붕에 바닥문이 있어서 그리로 들어갈 수도 있습니다. 건물의 모퉁이마다 큰 쇠등잔이 있습니다. 밤이면 마법의 빛으로 이 도시를 밝히는 가로등과 같은 모양입니다. 또한, 탑 꼭대기에는 훨씬 큰 등잔이 설치되어 아름다운 주황색 빛을 냅니다.

낮에는 정문이 열려 있어 방문자가 드나들 수 있습니다. 늙은 길드 마법사가 출입하는 사람들을 감시합니다 (또는 마법 정령들을 시켜 출입을 알리게 합니다). 방문자들은 대개 집이나 일터에 설치할 맞춤 등잔을 사러 오는 귀족, 상인, 사제들, 또는 마법이 약해져가는 가로등에 관해 제보하러 오는 사람들입니다.

등잔공방은 해가 떠 있는 동안은 잠잠합니다. 특히 아침이 조용합니다. 점등사들의 대다수가 초저녁부터 자정까지 가로등을 켜고 다니기 때문입니다. 낮과 이른 저녁 동안, 지하 공장의 장인들은 새 등잔을 만들고 낡은 등잔의 마법을 갱신합니다. 따라서 낮이냐 저녁이냐에 따라, 이 건물에는 마법사들이 잔뜩 있어 보일 수도 있고 거의 비어 보일 수도 있습니다.

등잔공방 들어가기

PC들이 아를리사 덴트와 좀비 습격, 잊혀진 지식의 탐구회의 관계를 알게 되어도, 아를리사를 만나기는 약간 까다로울 것입니다. 아를리사는 도시에서 존중받는 조직인 점등사 길드의 간부로서 등잔공방에 있습니다. 거의 항상 등잔공방에 있으면서, 매주 마법사들에게 점등할 가로등을 배정합니다 (그래서 탐구회 회원들을 적재적소에 파견할 수 있습니다). 가라도스가 공연한 주의를 끌지 말라고 했기 때문에, 좀비 습격 후 일주일 동안은 등잔공방을 떠나지 않을 것입니다. PC들의 행동 때문에 어쩔 수 없이 가라도스를 만나야 하게 될 경우에는, 남의 눈에 띄지 않기 위해 등잔공방 지하실의 비밀 출구로 나갑니다.

아를리사가 등잔공방 내부에 있기 때문에, 아를리사를 만나고 탐구회에 대해 정보를 얻으려면 PC들도 그리로 가야 합니다. 직접적인 접근 방법은 싸워서 들어가는 것이지만, 몰래 잠입하거나 말을 잘 해서 들어가는 방법도 있습니다. 건물의 지도는 p.55에 층별로 나와 있습니다.

공권력에 호소하기

아를리사를 만나는 방법은 한 가지 더 있습니다. 은방패대나 마법사 회의 같은 공권력의 도움을 청하는 것입니다. 결코 조심스러운 방법은 아니고, PC들에게 의뢰한 표상이 불필요하게 노출될 수도 있지만, 일단 가능은 합니다. 그러나 아를리사가 습격에 관여했다는 확실한 증거가 없으면 아마 통하지 않을 것입니다. 아를리사도 점등사 길드도 도시의 존중을 받고 있기 때문에, 자기 편을 끌어 모을 수 있습니다. 게다가 은방패대는 안 그래도 할 일이 많습니다. PC들이 공권력의 힘을 빌고자 하면 아마 하루이틀 정도 상의한 뒤 PC들에게 더 이상의 사적인 수사는 그만두라고 할 것입니다. 마법사 회의의 눈에는 탐구회 요원의 편지에 아를리사가 언급되어 있어도 증거로 보이지 않습니다. 종이에 이름을 쓰는 것은 누구나 할 수 있기 때문입니다. 바꿔 말해, PC들에게 유리한 상황이 아닙니다.

물론 PC들이 아를리사와 점등사 길드를 공공연히 범인으로 지목했거나 그 밖에 탐구회에 방해가 되는 짓을 충분히 했으면, 아를리사는 사무엘을 시켜 PC들을 죽이게 할 것입니다 (가라도스가 이미 하지 않았다면).

싸워서 들어가기

PC들이 강제로 건물에 들어가려 하면 아마 대량의 성난 마법사들과 상대해야 할 것입니다. 길드 회원들이 모두 탐구회는 아니기 때문에 무고한 마법사들이 다치거나 죽을 수도 있고, 그러면 PC들에 관련된 표상에게 있어서 정치적인 악몽이 될 수도 있습니다. 이 방법을 취할 수 없다는 것은 아닙니다. 단지 상응하는 결과가 따를 뿐입니다. 최소한, 사람이 많지 않을 때, 즉 마법사들이 모두 길에 일하러 나가 있을 해 질 녘 직후가 가장 적절할 것입니다. 등잔공방에 사람이 많을 때 들어가면 이 책에 나온 전투 외에 점등사 조무래기 3d4명 (p.54 참조)과의 전투를 하나 추가하십시오. 마법사들은 길에서, 정문에서, 지붕에서 PC들을 공격할 것입니다. 원하면 수석 점등사 켈로리스 (탐구회가 아닙니다)를 이 전투에 포함시켜도 됩니다. 켈로리스의 수치는 이 책 끝에 나와 있습니다.

PC들이 내부에 들어가면 아를리사와 탐구회가 기다리고 있을 것입니다. 이 싸움에 관해서는 아를리사 수색에 나와 있습니다.

잠입

건물로 들어가는 입구는 넷입니다. 정문, 탑의 곁문, 탑 지붕의 바닥문, 그리고 지하 창고에서 근처의 골목으로 통하는 비밀문입니다. 비밀문에 관해서는 길드 회원 중 탐구회만 알고 있지만, 어쩌면 안장 구역의 도둑이나 그 밖의 수상한 자들도 알지 모릅니다. 이런 사람을 찾으려면 난이도 20의 기능 판정에 성공하거나 표상 판정으로 얻은 혜택을 써야 합니다. 찾아낸 사람은 이 정보의 대가로 50gp를 요구합니다.

정문은 낮에 열려 있지만, 마법사가 지키며 안쪽의 문을 열고 닫습니다. 저녁 시간에는 잠겨 있습니다 (지나가려면 난이도 20). 그리고 작은 파란 고블린 모양의 마법 경비령이 지키고 있어서, 누가 자물쇠를 따다가 실패하거나 문을 부수는 경우 소리를 지릅니다. 마법사들은 문이 잠겨 있을 때 암호를 써서 들어갑니다. 들키지 않고 엿듣는 것도 가능합니다 (난이도 15). 암호는 "림위트의 불꽃"입니다. 이 말을 하면 문이 열리고, 경비령도 잠자코 있습니다.

탑의 문은 빗장이 걸려 있어서 난이도 20 판정에 성공해서 빗장을 미끄러뜨리거나 부숴야 합니다. 어느 쪽이건 실패해도 들어갈 수는 있지만 주변의 이목을 끌게 됩니다. 탑 지붕의 문은 잠겨있지 않지만, 탑을 기어 올라가려면 난이도 15 판정에 성공해야 합니다. 한 사람이 성공해서 밧줄을 내려 주면 나머지는 판정 없이 올라갈 수 있습니다. 판정에 실패해도 추락하지는 않습니다 (대실패면 가능합니다). 그러나 하도 시끄러워서, 내부의 점등사 조무래기가 나와서 조사를 합니다. 이때 들키지 않으려면 난이도 15의 판정을 해야 한다고 하는 것도 적절할 것입니다.

아무도 모르게 등잔공방에 들어가면 아를리사 수색으로 넘어가십시오. 그렇지 않으면 들어간 문 앞에 점등사 조무래기들이 2d4명 도착하여 PC들을 가로막고 전투가 벌어집니다.

말로 들어가기

저녁 무렵 한 시간 동안은 정문이 열려 있습니다. 안에는 작은 대기실이 있고, 벤치와 당기는 끈이 하나 있습니다. 끈을 당기면 늙은 마법사 한 명이 나옵니다. 누가 대기실 문을 열고 안으로 들어가려고 하면, 픽시 같은 여성형 정령이 나타나 아주 크게 소리를 칩니다. "좀 참을성 있게 앉아서 기다려요! 주인, 주인, 손님 왔소!" 그러면 코르넬리우스라는 늙은 노움 점등사가 안쪽 문을 열고 들어와 PC들에게 용무를 묻습니다.

PC들이 아를리사를 만날 방법을 (적어도 건물 안으로 들어갈 방법을) 생각해 내야 할 때입니다. 아를리사나 다른 길드 회원들을 해치려는 의도를 드러내지 않으면 코르넬리우스는 의심을 하지 않고, 따라서 난이도 15의 기능 판정만 하면 됩니다. 코르넬리우스나 다른 점등사를 위협하거나 죄를 묻기 시작하면 기분이 나빠져서 판정 난이도는 20이 됩니다. 코르넬리우스의 허락을 얻으려면 세 사람이 각각 한 번씩, 세 번 성공해야 합니다. 한 번 실패할 때마다 코르넬리우스의 의심도 커집니다 (플레이어들이 눈치를 채게 하십시오). 한편, 코르넬리우스는 유쾌한 장난을 좋아합니다. 특히 마법적인 장난을 좋아합니다. 이에 관해 이야기하는 동안, 코르넬리우스를 설득하는 판정은 +4를 받습니다.

기능 판정에 실패할 때마다 아를리사와의 싸움은 더 어려워집니다. 탐구회 잠복자 한 명을 전투에 추가하십시오 (최대 3명 추가. 아를리사 덴트와의 대결 참조). 코르넬리우스는 결국 물러서서, 아를리사가 해결할 문제라고 말합니다. 그리고 금색과 녹색을 띤 작은 올빼미 모양의 길잡이 정령을 소환하여 PC들을 아를리사의 사무실로 안내하라고 합니다. 코르넬리우스 자신은 문을 지켜야 하기 때문입니다. PC들이 나쁜 짓을 할 것이라고 의심하지는 않습니다.

아니면, 기능 판정 대신에 아직 쓰지 않은 대마도사와의 관계 혜택(5나 6)을 쓰거나 새로 판정을 할 수도 있습니다. 혜택을 하나 쓰면 코르넬리우스가 다른 길드 마법사를 불러다가 아를리사에게 안내하라고 시킵니다. 둘 이상 쓰면 코르넬리우스는 올빼미 정령에게 안내를 맡깁니다. 여기서 생각할 수 있는 어려움은 코르넬리우스가 전언 주문으로 아를리사에게 PC들의 방문을 알리는 것입니다. 그러면 아를리사는 탐구회 잠복자를 두 명 더 불러서 전투에 대비합니다.

PC들이 아를리사가 탐구회임을 알아내기 전에 만나는 경우

PC들이 수사 초반에 좀비 습격과 점등사 길드의 관계를 발견하고 등잔공방을 찾아갈 수도 있고, 범인을 잡는데 도움을 주겠다며 가라도스가 그리로 보낼 수도 있습니다. 그렇게 되면 길드에 대해 알아내는 판정 없이 PC들을 아를리사에게 보내십시오. PC들은 아를리사가 범인의 일당이라는 것을 전혀 알지 못할 것이고, 아를리사는 가능한 도움을 모두 제공하겠다고 자진해서 나설 것입니다. 나중에 대결할 때를 위한 좋은 복선이 될 것입니다. 가라도스가 PC들을 아를리사에게 보낸 경우, 아를리사는 매복을 준비하고 PC들에게 거짓 단서를 줄 것입니다 (예를 들어 부두 구역의 사교도들).

아를리사 수색

코르넬리우스를 설득해서 아를리사를 만나게 될 경우 길드 마법사를 따라가게 될 수도 있고, 올빼미 정령을 따라가게 될 수도 있습니다. 이 경우에는 PC들이 사무실로 바로 안내를 받기 때문에 다음의 전투가 일어나지 않습니다 (아를리사 덴트와의 대결로 넘어가십시오). 등잔공방에 잠입했거나 싸워서 들어간 경우에는 아를리사를 찾아내야 합니다. 아를리사의 사무실은 탑 반대쪽, 2층에 있습니다. 그러나 PC들이 아를리사를 만나기 전에, 길드에 들어온 침입자들을 잡으려는 점등사들과 탐구회 잠복자들과 싸워야 하게 될 수도 있습니다 (등잔공방에 들어올 때 마주칠 수도 있는 점등사들과는 별도입니다). 이 장면은 1층에서, 또는 2층의 탑 근처에서 일어나게 하는 것이 좋습니다.

전술: 건물 내부를 돌아다니다가, PC들은 점등사 여섯 명과 탐구회 잠복자 두 명으로 구성된 집단과 마주칩니다. PC들이 속임수를 쓰거나 은밀하게 움직이고 있지 않으면 이들의 눈에 띌 것이고, 마법사들은 무기를 버리고 항복하라고 말합니다. 일행이 꾀가 많거나 조용하면 이 전투를 피할 수도 있습니다. 그러려면 각 PC가 난이도 15 판정을 해서 절반 이상이 성공해야 합니다. 똑똑한 해결책이 제시되면 판정에 보너스를 주십시오. 싸움이 벌어질 경우, 비좁은 복도보다는 재미있는 움직임이 일어날 수 있는 장소를 택하는 것이 좋습니다 (큰 복도와 방 몇 개를 무대로 삼는 것도 생각해 볼 만합니다).

이 싸움은 그렇게 어렵지 않을 것입니다. 플레이어가 죄 없는 마법사들을 죽여도 되는 건지 궁금해 하면, 적이 쓰러질 때 죽일지 말지를 결정할 수 있다고 하십시오 (물론 그 공격에 어울려야 합니다). 탐구회 잠복자들이 음 에너지 공격을 하거나 해골 형상을 하게 되면 전투에서 살아남은 점등사들은 PC들의 이야기를 믿을 가능성이 높을 것입니다.

PC가 4명이면 점등사 둘을 빼십시오. PC가 6명이면 탐구회 잠복자를 하나 추가합니다. 탐구회 잠복자들이 모두 쓰러져서 더 이상 다른 마법사들을 부추기지 못하면, 점등사들은 항복을 고려할 수도 있습니다.

점등사

"여기 들어오면 안 돼!"

2레벨 조무래기 [인간형]
행동 순서: +5

길드 단도 +6 vs. 장갑 - 3 피해

원: 원소 광선 +7 vs. 신방 - 5 피해. 에너지 유형은 냉기, 벼락, 불, 산, 중에서 마스터가 선택.
  순수 짝수 명중: 대상은 위와 같은 유형의 2 지속 피해를 입습니다.

집단 능력: 전투에 참가하는 점등사 두 명마다 하나가 (소수점 이하 올림) 짧은 행동으로 (라운드에 한 번) 충격의 방전을 쓸 수 있습니다.

충격의 방전 (집단): 점등사와 접전중인 적이 모두 2 벼락 피해를 입고 점등사로부터 이탈합니다.

장갑 17
신방 11   체력 8 (조무래기)
정방 16

조무래기: 무리에 8 피해가 가해질 때마다 점등사 하나가 죽습니다.

등잔공방

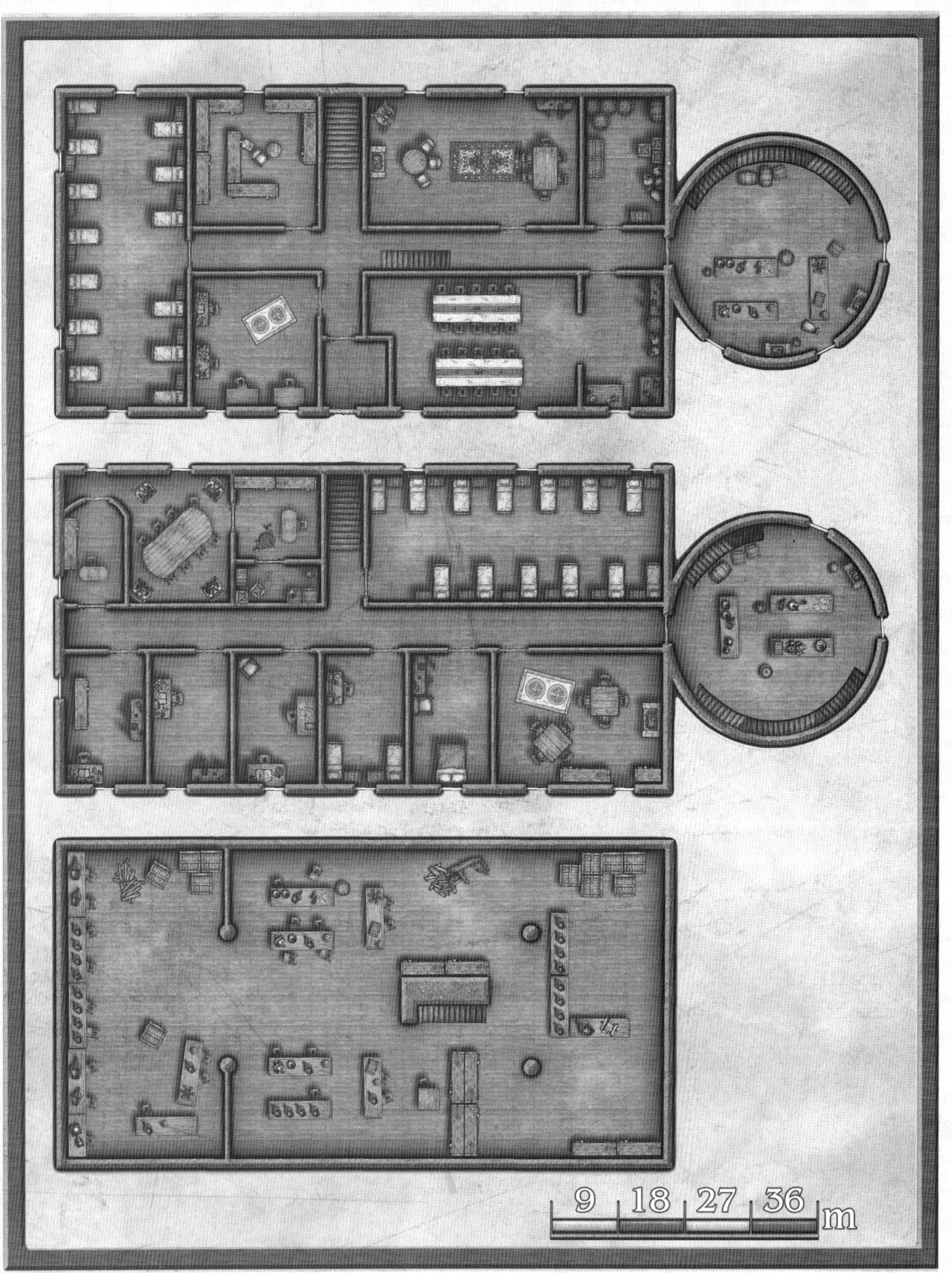

탐구회 잠복자

"도둑이다, 죽여라!"

2레벨 술사 [인간형]
행동 순서: +5

지팡이 +7 vs. 장갑 - 5 피해

원: 약화의 광선 +8 vs. 신방 - 5 음 에너지 피해. 대상은 다음 번 자기 차례가 끝날 때까지 저해됩니다.

 순수 짝수 명중: 대상은 또한 다음 번 자기 차례가 끝날 때까지 취약해집니다.

시체왕의 술수: 전투마다 한 번, 탐구회 잠복자는 무기 공격에 맞았을 때 자유 행동으로 그 공격에 대해 무기 피해 저항 16+ (무기를 사용한 공격은 판정에 16+가 나오지 않으면 절반 피해만 입힘)를 얻습니다. 해골의 언데드 능력을 얻는 것입니다. 이 능력을 사용하면 전투 내내 얼굴과 손이 해골로 변합니다.

장갑 18	
신방 12	체력 30
정방 16	

전리품: 점등사는 각각 1d4 gp, 그리고 주문 재료 약간을 갖고 있습니다. 탐구회 잠복자들은 10gp가 있고, 몸 어딘가에 작은 시체왕 문신을 하고 있습니다.

그 후: 살아남은 점등사들을 잘 설득하면 아를리사의 사무실로 안내를 받을 수도 있습니다 (난이도 15). 잠복자들의 기이한 주문과 외모 변화를 지적하면 여기에 +5 보너스를 받습니다. 실패하면 점등사들은 PC들이 길드의 비밀을 훔치러 온 강도라고 생각하여 돕지 않습니다. 도움을 받지 못해도 시간은 걸리지만 아를리사의 사무실을 찾기는 합니다. 그러나 이 경우는 아를리사가 잠복자를 한 명 더 데리고 있다고 할 수도 있습니다.

아를리사 덴트와의 대결

PC들이 대화로 등잔공방에 들어갔으면 바로 아를리사의 사무실로 안내를 받습니다. 그렇지 않으면 건물을 뒤지거나 생포한 길드 회원으로부터 그 위치를 들어야 합니다. 2층과 3층에는 편리하게도 길드 마법사들이 없지만, 마법사와 잠복자들의 집단을 피해서 갔다면 아를리사와의 전투 제4라운드에 가세할 수도 있습니다. PC들에게 정말로 힘든 난관을 부여하고 싶으면 그렇게 하십시오.

아를리사의 사무실은 방이 세 개입니다. 사무실의 가장 바깥쪽 문은 비서의 방으로 통합니다. 잉크와 깃펜이 놓인 단순한 나무 책상이 있고, 천장까지 닿는 책장이 둘 있습니다. 크기는 사방 6m입니다. 책장 안에는 장부와 사업 문서가 있습니다. 비서는 지금 일 때문에 나가 있습니다. 문이 없는 아치를 지나가면 가로 12m 세로 9m의 회의실입니다. 여기에는 무거운 타원형 테이블과 의자 여덟 개가 있습니다. 방의 구석에는 가고일 석상이 넷, 각기 다른 자세로 있습니다. 반대쪽 끝에는 아를리사의 방으로 통하는 닫힌 문이 있습니다. 아를리사의 방은 가로 9m 세로 6m이고, 한쪽 벽에는 책장이 셋 있습니다. 괴물의 신체 부위를 박제한 진열장도 몇 개 있습니다. 묵직한 검은 참나무 책상이 있고, 옆에는 서류 캐비넷이 있습니다.

PC들이 등산공방에 어떻게 들어왔느냐에 따라, 아를리사는 PC들이 올 줄 알고 있었을 수도 있고 아닐 수도 있습니다. 부하들을 더 데리고 있을 수도 있습니다.

대화에서 판정에 실패하지 않고 올빼미 정령을 따라 갔다면 아를리사는 혼자 있을 것입니다.

대화에서 판정에 실패하지 않고 길드 마법사를 따라갔거나, 코르넬리우스가 손님이 왔다는 소식을 전했으면 탐구회 잠복자를 하나 데리고 있을 것입니다 (마법사가 안내를 했다면 그 사람이 잠복자입니다. 아니면 그냥 하나가 대기하고 있습니다).

PC들이 대화를 시도했지만 판정에 실패했다면, 실패 하나당 잠복자 하나를 데리고 있을 것입니다 (최대 3명). 다른 잠복자들과는 별도입니다.

PC들이 몰래 들어갔고, 점등사와 잠복자 전투를 우회했다면 아를리사는 혼자 있을 것입니다.

PC들이 몰래 들어갔고, 점등사와 잠복자들을 상대로 싸웠다면, 아를리사는 잠복자 둘을 데리고 있습니다. 점등사에게 아를리사의 위치를 물어봤지만 실패한 경우에는 하나 더 데리고 있습니다.

PC들이 싸워서 들어갔다면 아를리사는 잠복자 둘을 데리고 있을 것입니다.

어떤 방법을 사용했건 간에, 아를리사가 데리고 있는 탐구회 잠복자는 최대 4명까지입니다. 그보다 많으면 아주 어려운 싸움이 됩니다. 처음에는 하나만 있다가, 라운드마다 하나씩 새로 도착하게 하는 것도 고려해 보십시오.

PC들이 온다는 소식을 아를리사가 들은 경우, PC들이 싸워서 들어온 경우, 또는 아를리사를 찾다가 도중에 싸운 경우, 아를리사는 부하들과 함께 회의실에서 기다리고 있을 것입니다. 아니면 사무실에서 보고서를 쓰느라 바쁠 것입니다. PC들이 길드 마법사의 안내를 받아 왔다면, 그 마법사는 사실 탐구회 잠복자이고, 뒤에서 공격을 할 것입니다. PC들이 아를리사를 안쪽 방에서 만나거나, 부하들이 더 많거나, 아를리사의 정체를 알기 전에 우호적으로 만나는 경우 (이때는 혼자입니다)에는 그에 맞추어 아래의 묘사를 조정하십시오.

플레이어들에게 읽어 줍니다: 작은 사무실의 아치를 지나자 크고 두꺼운 타원형 테이블이 중앙에 있는 네모난 방이 나옵니다. 주변의 의자는 밀어 넣어져 있고, 방의 네 귀퉁이에 가고일 석상이 하나씩 서 있습니다. 방의 반대쪽에는 사무실로 이어지는 열린 문이 있습니다. 문 앞에는 키 큰 인간 여자가 서 있습니다. 창백한 피부에 풍성한 검은 머리입니다. 얼굴은 좁고 턱이 작으며, 눈은 반짝이는 파란색입니다. 얼굴에는 짜증이 가득합니다. 높은 목소리로 말합니다. "누구냐? 뭘 하러 왔어?"

PC들이 바로 공격하지 않으면 아를리사는 침착하게 행동합니다. 자기를 찾아온 용무를 묻고, 최대한 열심히 무고한 척을, 또는 헛소문의 피해자 시늉을 합니다. PC들이 탐구회 사람에게서 아를리사의 이름이 적힌 편지를 찾았거나, 싸우려 들거나, "진실"을 알고야 말겠다는 태도로 나오면 아를리사는 한숨을 쉬고 말합니다. "왜 이렇게 짜증나도록 끈질긴 거냐. 이제 너희들을 우리 주인님께 보내 주마. 영원히!" 행동 순서 판정을 합시다!

전술: 아를리사 덴트는 탐구회 잠복자들을 거느리고 있을 수 있고, 그 밖에도 몇 가지 술수가 있습니다. 석상 중 둘은 하급 가고일이며, 짧은 행동으로 명령을 내릴 수 있습니다 (첫 라운드에 그렇게 할 것입니다). 가고일들은 아를리사 바로 다음에 행동합니다. 마법사의 도약은 아껴 두었다가, 근접전 PC들이 다가오면 사용합니다 (아니면 첫 라운드에 사무실에서 회의실로 도망쳐 거리를 벌리는 데 사용합니다). 아를리사의 주된 공격인 비명지르는 유령 해골은 해골 모양의 마력 덩어리에 지금까지 자기가 죽인 자들의 영혼을 담아 뿌리는 주문입니다. 심각한 열세에 몰리면 아를리사는 도망치거나 교섭을 하려고 들 것입니다. 아를리사가 죽으면 가고일들도 움직임을 멈추고, 잠복자들도 PC들을 못 이길 것 같으면 항복을 고려할 것입니다.

테이블은 높고 두껍습니다. 그 아래나 뒤에 숨으면 엄폐물로 쓸 수 있습니다 (모든 방어에 +2). 공격에 사용하거나, 적의 가로막기를 우회하는 발판으로 사용하려면 난이도 15의 기능 판정을 해야 합니다 (아마도 근력이나 민첩성). 하지만 그냥 위로 올라가는 데에는 판정이 필요 없습니다. 전투를 복도나 다른 방으로까지 확대해서 PC들이 지형지물을 사용하게 해도 좋습니다. 이 경우, 마스터가 전투를 어렵게 만들고 싶으면 다른 적들이 싸움에 끼어든다고 할 수도 있습니다.

PC가 4명이면 하급 가고일 하나를 뺍니다. PC가 6명이면 하급 가고일 하나를 추가합니다. 이 전투는 기본적으로도 어렵지만 (아를리사와 하급 가고일 둘), 훨씬 더 어려워질 수도 있습니다 (탐구회 잠복자가 최대 4명 더).

아를리사 덴트
"너희들이 끼어들면 내가 곤란하거든."

2배 위력 3레벨 술사 [인간형]
행동 순서: +8

지팡이 +7 vs. 장갑 - 15 피해

원: 비명지르는 유령 해골 +8 vs. 신방 (단거리의 같은 집단에 있는 적 1d3명) - 6 마력 피해 및 5 지속 음 에너지 피해
- 순수 16+: 대상은 죽어가는 사람의 비명을 들어서 5 지속 정신 피해를 입습니다.
- 빗나감: 3 지속 음 에너지 피해.

시체왕의 총복: 아를리사는 체력이 0으로 떨어져도 다음 차례가 끝날 때까지 죽지 않습니다 (하지만 확실히 죽을 만한 타격을 입었음은 명백히 하십시오). 몸 주변에 검은 그림자가 감돌아 쓰러지지 않게 해 주고, 아를리사는 다음 차례에 마지막 숨으로 단거리에 있는 1d6명의 적에게 비명지르는 유령 해골을 쓰고 죽습니다 (피해를 아무리 많이 입어도 상관없습니다).

저주받은 노예 영혼들: 전투마다 2회, 아를리사는 대성공이 아닌 공격에 맞으면 자유 행동으로 (그러나 한 라운드에 한 번만) 자기가 죽여서 속박한 영혼을 불러냅니다. 이 유령이 아를리사와 공격자 사이에 끼어들어, 공격자는 공격 판정을 다시 해야 합니다. 아를리사가 이 능력을 쓸 때마다 비명지르는 유령 해골의 피해가 모두 1점씩 줄어듭니다 (지속 피해, 발동 효과 피해, 빗나감 피해 포함).

마법사의 도약: 전투마다 두 번, 아를리사는 이동 행동을 써서 시야 내에 있는 단거리의 장소로 순간이동을 할 수 있습니다.

장갑 17	
신방 13	체력 75
정방 18	

하급 가고일
가고일이 일어나며 몸을 펴더니 머리를 이쪽으로 돌립니다.

3레벨 수호자 [인공물]
행동 순서: 아를리사 바로 다음.

뾰족한 손톱 +7 vs. 장갑 (2회 공격) - 4 피해. 대상은 다음 자기 차례가 끝날 때까지 가고일에 대한 물러서기 판정에 -5 페널티를 받습니다.
- 순수 16+: 가고일이 대상에게 자유 행동으로 송곳니 공격을 할 수 있습니다.
- [특수 발동] **송곳니 +8 vs. 장갑** - 5 피해

돌 가죽: 가고일은 순수 홀수 근접 공격을 당했을 때 절반 피해만 입습니다.

장갑 20	
신방 18	체력 36
정방 12	

탐구회 잠복자

"외눈왕 만세!"

2레벨 술사 [인간형]
행동 순서: +5

지팡이 +7 vs. 장갑 - 5 피해

원: 약화의 광선 +8 vs. 신방 - 5 음 에너지 피해. 대상은 다음 번 자기 차례가 끝날 때까지 저해됩니다.

　순수 짝수 명중: 대상은 또한 다음 번 자기 차례가 끝날 때까지 취약해집니다.

시체왕의 술수: 전투마다 한 번, 탐구회 잠복자는 무기 공격에 맞았을 때 자유 행동으로 그 공격에 대해 무기 피해 저항 16+ (무기를 사용한 공격은 판정에 16+가 나오지 않으면 절반 피해만 입힘)를 얻습니다. 해골의 언데드 능력을 얻는 것입니다. 이 능력을 사용하면 전투 내내 얼굴과 손이 해골로 변합니다.

장갑	18	
신방	12	체력 30
정방	16	

전리품: 가고일은 그냥 봐서는 귀중품이 없지만, 눈은 하나에 50gp에 해당하는 흑마노입니다. 잠복자가 있었던 경우 각각 1d4 gp씩을 갖고 있습니다. 아를리사도 귀중품이 있지만, 현장에 점등사가 있는 경우 아를리사가 좀비 습격에 관여했다는 사실이 완전히 밝혀질 때까지는 아를리사의 시신을 뒤지는 것은 좋게 보지 않을 것입니다. 모든 것이 드러나면 길드가 시체왕과 관련되었다는 오명을 최대한 줄이기 위해서라도 PC들에게 다 넘겨줄 것입니다. 아를리사의 책상에는 20gp가 든 주머니가 있고, 금으로 된 깃펜 꽂이도 하나 있습니다 (25gp). 차고 있는 장신구도 값이 꽤 나갑니다. 양손 엄지에 낀 옥반지는 각각 40gp, 그리고 박쥐 모양의 금 머리띠는 20gp, 그리고 단순하고 가느다란 금팔찌는 60gp에 해당합니다. 옆구리의 주머니에는 불 저항 물약을 차고 있고, 손에 낀 검은 가죽 장갑은 정신 부패의 장갑입니다.

아를리사는 심장이 있는 곳에 시체왕의 상징을 문신하고 있습니다. 대마도사는 시체왕의 상징을 지닌 자들에게 생사를 불문하고 두당 30gp의 현상금을 내걸고 있습니다. 시체를 가져가면 검사 의식으로 확인을 거친 후 현상금을 줄 것입니다.

그 후: 아를리사는 생포해도 입을 열지 않습니다. 탐구회의 비밀을 발설하면 허파에 무덤의 흙이 차는 저주에 걸렸기 때문입니다. 이 저주는 저주의 존재를 얘기해도 발동됩니다. 책상과 소지품을 뒤지면 아를리사가 대마도사가 아니라 시체왕을 섬겼다는 것을 뚜렷이 나타내는 증거들이 모입니다 (심장 위의 문신 외에도). PC들이 등잔공방에 싸워서 들어갔다면 곧 길드의 점등사들이 도착할 테니, 이 증거가 유용할 것입니다.

그러나 여기에는 한 가지 더 뚜렷한 증거가 있습니다. 이것을 보면 아를리사가 탐구회의 지도자가 아니었다는 것을 알 수 있습니다. 책상 서랍 안에 있는, 가라도스에게서 온 편지입니다.

"아를리사야. 광장 습격의 모든 준비가 갖추어졌다. 아브로스가 수레를 준비했고, 목표를 노릴 것이다. 지그문트와 파울로스는 그 전날 밤에 하수도 입구 방에 버리는 것들을 준비해 둘 것이다. 내 예상이 맞다면 새로운 망자 30명이 금고로 보내질 것이다. 랜는이 적어도 다섯은 남의 눈에 띄지 않게 연구실로 보내줄 수 있겠지. 외눈왕은 이 살육으로 기뻐하실 것이고, 내 개인적인 목적도 달성이 된다. 내 대신 세부 조정을 하고, 우리 사람 하나를 골동품점으로 보내서 좀비 발동 암호를 받아가게 하거라."

PC들은 아마 가라도스를 만났을 것이고, 골동품점에 대해서도 알 것입니다. 가라도스를 만나지 않았더라도 점등사 길드를 조사해 보았다면, 이 길드를 다스리는 사람이 케스미르 가문의 수장인 가라도스라는 것, 그리고 유물 사냥터라는 골동품점을 운영하고 있다는 것을 알 것입니다. 어떻게 알고 있건 간에, 다음 목적지는 학교 구역의 유물 사냥터입니다. 가라도스를 만날 때입니다.

곧 탐구회의 본거지에 가게 되니, PC들이 완전 휴식을 취하기에 좋은 시점입니다. 방금의 전투를 하기 직전에 이미 완전 휴식을 했다면 가라도스와 싸우는 것은 그만큼 더 어려워집니다.

골동품점으로

PC들이 아를리사 덴트를 물리친 후에 유물 사냥터를 찾아가면 (아마도 가라도스에게 죄를 물으러), 가라도스는 없고 그 파트너인 현인 라레데스가 있습니다.

라레데스는 키가 크고 말랐고, 지저분한 금발에 염소 수염을 하고 있습니다. 피부는 창백하지만 약간 색깔이 있습니다. 로브는 다림질이 잘 되어 있고, 미스릴색 비단으로 되어 있습니다. 가문의 문장인 매가 로브의 오른쪽 가슴에 수놓아져 있고, 한쪽 소매에는 미스릴 학파의 톱니바퀴 무늬가 있습니다. 면과 양모로 된 모자를 쓰고 있고, 세련된 말씨로 짧고 빠르게 말합니다. 라레데스는 학창 시절부터 가라도스의 친구였지만 탐구회는 아닙니다. 가라도스가 라레데스와 친하게 지내는 이유는 라레데스가 대마도사에게 좋은 평가를 받고 있기 때문입니다.

라레데스와의 만남이 어떻게 진행될 것인가는 PC들이 가게 갔을 때 무엇을 하느냐에 달렸습니다. 가라도스가 탐구회이며 광장 습격의 배후라는 주장을 하면 라레데스는 혼란스러워하고, 어쩌면 화를 낼 것입니다. 라레데스는 PC들과 전에 만난 적이 없기 때문에, PC들이 공격적으로 나오면 방어적이 될 것입니다. 라레데스는 PC들이 대체 무슨 소리를 하는 것인지 알고 싶어하는 것으로 플레이하는 것이 가장 좋습니다. 논리적인 설명을 하고 증거 비슷한 것이라도 제시하면 (아를리사의 사무실에 있던 편지라거나) 라레데스는 참을성 있게 들을 것입니다. 플레이어들이 말을 잘 못하면 캐릭터들과 주사위에 맡겨도 좋지만, 이것은 실제로 대화를 플레이하는 것이 더 재미있을 것입니다. 라레데스를 설득하는 판정은 난이도 25이지만, 아를리사의 편지를 보여주면 여기에 +5가, 그리고 가라도스를 범인으로 지목하기까지의 일을 설명하면 +5가 또 붙습니다.

아니면 대마도사와 긍정적이거나 양가적 관계를 가진 캐릭터가 표상 판정을 하게 하거나 기존에 얻은 혜택을 쓰게 해도 좋습니다. 이런 혜택을 하나 이상 쓰면 PC들의 이야기에 무게가 실리고, 라레데스도 주의를 기울일 것입니다. 라레데스는 근본적으로 대마도사의 부하이고, 흑마술에는 반대하는 처지입니다. 가라도스를 동업자로 여기고는 있지만, 가라도스가 PC들의 말대로 시체왕의 부하가 된다면 그 또한 무서운 일이라는 것도 알고 있습니다. 라레데스는 가라도스를 막으려 들 것입니다.

기능 판정이나 표상 판정에 실패해도 액션은 멈추지 않게 하십시오. 하지만 라레데스의 도움에는 제한이 걸립니다. PC들이 라레데스를 설득하는 판정에 성공하면 전력으로 돕겠다며, 가게의 비밀 통로를 알려 줍니다 (가라도스는 라레데스가 통로에 관해 모르는 줄 알고 있습니다). 그러지 않으면 라레데스는 자기 나름대로 혼자서 가라도스와 이야기를 하겠다고 합니다. 하지만 라레데스는 PC들이 가라도스에 관해 오해하고 있다는 자기 의견을 말하면서도, 그 편지를 쓴 사람이 누구건 간에 연구실이 망자의 금고와 연결되어 있을 것이라고 합니다. 그러지 않으면 랜든이라는 자가 어떻게 아무도 모르게 시체를 다섯 구나 옮길 수 있겠느냐는 것입니다. 그 말은 맞는 말입니다.

망자의 금고에는 가라도스의 연구실로 이어지는 비밀 통로가 있고, 오데사를 설득한다는 전제 하에 1~2일 정도 걸려서 발견할 수 있습니다. 하지만 그 시간 동안 가라도스는 준비를 할 것입니다 (가라도스와의 싸움에 인간 좀비 둘을 추가합니다). 라레데스로부터 가게의 비밀 통로에 관해 듣는 것이 제일입니다.

최악의 경우에는 라레데스의 화를 너무 돋구어 도움을 전혀 못 받을 수도 있을 것입니다. 이렇게 되면 PC들은 가라도스를 찾아낼 다른 방법을 물색해야 할 것입니다 (가라도스는 몸을 최대한 숨깁니다). 그때까지 시나리오는 완전히 자유형이 됩니다.

잊혀진 지식의 탐구회

가라도스가 잊혀진 지식의 탐구회를 만든 것은 시체왕만이 가르쳐 줄 수 있는 흑마술을 배우기 시작한 뒤입니다. 가라도스가 행한 소환 의식에 응하여 시체왕이 보내 준 패밀리어 코스의 도움으로 가라도스는 어둠의 비밀을 배워가며 힘을 키웠습니다. 여러 해가 지나며, 가라도스는 자기와 비슷한 생각을 가진 자들을 만나고, 자기에게 복종하는 조건으로 금단의 지식을 일부 알려 주었습니다. 이 중 마법사들은 자기 가문의 사업인 점등사 길드에 거두었습니다. 그 외 인물들은 도시 곳곳에 배치하여, 탐구회의 목적에 봉사하는 독립 요원으로 일하게 했습니다.

오랜 시간에 걸쳐 가라도스는 탐구회가 몰래 만날 수 있는 본거지를 만들었습니다. 고대에 지어졌다가 지금은 잊혀진 방들을 학교 구역 지하에서 발견하고, 이곳에서 엘돌란 곳곳으로 통하는 통로를 팠습니다. 자기가 운영하는 학교 구역의 골동품점, 사원 구역의 망자의 금고, 안장 구역의 등잔공방과 골목을 잇는 비밀 통로, 평민 구역의 그리핀 광장 (학교 구역으로 이어지는 절벽에 붙어 있는 작은 마당. 그리핀 조각상 뒤에 있습니다) 등등이 이렇게 연결되었습니다.

PC들을 처음 만난 후, 또는 아를리사 덴트가 패배했다는 소식을 들은 후, 가라도스는 자기가 호객 광장의 좀비 습격에 관여했다는 사실을 PC들에게 곧 들키게 될 것임을 알게 됩니다. 그래서 좀비 습격에 대한 상으로 시체왕의 사령술사들이 제공한 의식을 이용하여 마지막 프로젝트를 완성하기 위해 노력할 것입니다. 죽은 인간형 종족들의 살을 모아 주인의 명에 따르는 언데드 골렘을 만드는 것입니다. 이 실험은 거의 끝나갑니다. 가라도스는 연구실에 틀어박혀 작업에 몰두하고 있습니다. PC들이 왔을 때에도 여기에 있을 것입니다.

잘못 든 길

PC들이 라레데스의 도움을 얻는 데 실패했고, 탐구회의 소굴로 가는 입구를 발견하지 못했을 수도 있습니다. 이때 액션이 멈추게 두어서는 안 됩니다. PC들이 기존의 표상 혜택을 쓸 수 있게 하거나, 지금 그 목적으로 판정을 하게 하십시오.

플레이어가 표상 혜택을 하나 이상 사용하여 정보를 얻겠다고 하면, 가라도스의 비밀 기지가 어디이고 어떻게 가야 하는지의 정보를 주되 그 표상에 맞는 방식으로 주십시오. 요정이나 그 밖의 마법적인 전령을 통해서 듣거나, 지금까지는 해석할 수 없었던 꿈을 회상해도 좋습니다.

PC들이 새로 표상 주사위를 굴리면, 가장 성공을 많이 한 캐릭터에게 이 정보를 줍니다.

표상 판정마저 실패했다면, 대사제의 부하가 점을 쳐서 이 정보를 제공한다고 하고, 그 대가로 PC들이 함께 해결해야 하는 임무를 떠맡는다고 하는 것도 고려해 보십시오.

제13시대 - 엘돌란의 그림자들

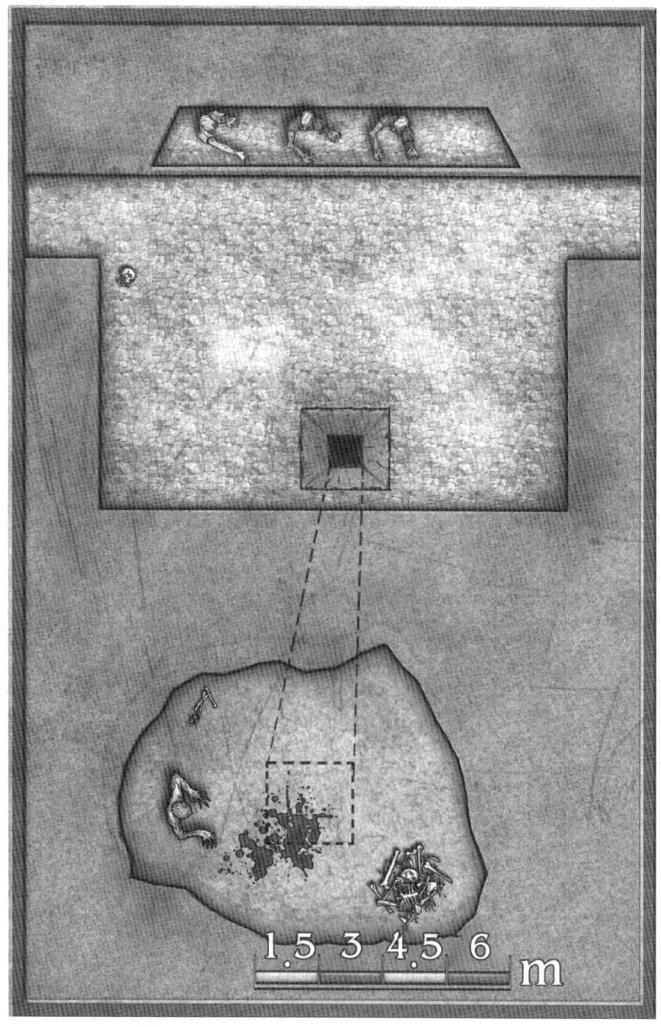

탐구회 본거지 침입

PC들이 골동품점을 통해 탐구회 본거지에 들어가는 경우, 문은 가게 뒷방의 책장 뒤에 있습니다. 나무 계단을 조금 내려가면 돌 바닥을 깎아 만든 계단이 나선을 그리며 아래로 내려갑니다. 한 200 발자국쯤 지나면 계단이 끝나고 어둠으로 이어진 터널이 보입니다. 터널을 지나면 팔각형의 보통 크기 방이 나옵니다. 다른 곳에서 들어왔어도 이 방에 도착하기는 마찬가지입니다.

방에는 출구가 4개 보입니다. 왼쪽의 출구 셋은 각각 안장 구역의 등잔공방과 골목을 잇는 터널, 사원 구역의 망자의 금고, 평민 구역의 그리핀 광장으로 이어집니다. 오른쪽의 출구는 가라도스의 연구실로 통합니다. (이곳은 교차점이기 때문에, 마법 학교나 부두 구역 등 마스터가 원하는 장소로 이어지는 다른 터널이 있다고 해도 됩니다.)

마을의 다른 구역으로 통하는 터널들은 위험하지 않고, 끝에는 반대쪽을 엿보는 구멍이 있는 비밀 문이 있습니다. 각 터널을 끝까지 탐사하는 데에는 시간이 약간 걸릴 것입니다. 한편 탐구회의 본거지이자 연구실로 통하는 길은 더 위험합니다. 중간에 방이 하나 있고, 거기에는 길목을 지키는 것들이 있습니다.

구울 구덩이

PC들이 터널을 따라서 탐구회의 소굴로 가면 시체 썩는 악취를 느낄 수 있습니다. 그 냄새는 훨씬 앞에 있는 가로 9m 세로 6m 짜리 방에서 오는 것입니다. 방의 벽은 회를 바른 회색 벽돌로 되어 있고, 바닥은 판석으로 되어 있습니다. 방의 반대쪽에 출구가 있지만, 왼쪽 벽 중앙을 보면 바닥에 가로 세로 2.5m 정도의 구멍이 나 있는 것이 보입니다. 악취는 방을 가득 채우고 있고, 방에는 그 밖에 흥미로운 것이 없습니다.

전술: 시체 썩는 냄새의 일부는 바닥의 구멍에서 올라오는 것이 맞습니다. 그러나 그뿐이 아닙니다. 방의 오른쪽에는 환상으로 만들어진 벽이 있고, 그 뒤에 인간 좀비 경비병이 셋 있습니다. 이 방에 들어온 사람이 암호를 대지 않으면 ("나는 잊혀진 지식을 탐구한다"), 좀비들이 공격합니다. 이 좀비들은 그냥 적을 때려 죽이는 것이 아니라 붙잡고 함께 구멍으로 떨어지도록 명령을 받았습니다. PC들이 아주 조심하지 않으면 (세심하게 살필 경우 난이도 25) 좀비들은 환상 벽 덕분에 PC들을 기습할 수 있습니다 (표준적인 기습 룰을 사용합니다). 광장의 좀비들처럼, 이들도 배가 절개되어 있고 장기가 빠져 있습니다.

구멍의 깊이는 5m 정도이고, 작은 방으로 이어져 있습니다. 떨어지면 (좀비도) 2d6 피해를 입습니다. 적과 함께 동반 추락을 한 좀비는 그때부터 썩어가는 주먹 공격을 합니다. 그러나 걱정할 것은 그것만이 아닙니다. 구덩이 안에는 가라도스가 데려다 놓은 굶주린 구울이 있습니다! 그림자 속에서 식사를 하려고 뛰어나올 것입니다. 떨어진 것이 좀비뿐이면 좀비를 공격하지만, PC가 떨어지면 신선한 고기를 더 좋아합니다. 바닥의 방에서 보았을 때, 천장의 구멍은 3m 높이에 있습니다. 그리고 벽은 매끄럽고 이끼가 끼어 있어서 도움을 받지 않으면 기어 올라가기 어렵습니다 (난이도 25 근력 판정).

PC가 4명이면 인간 좀비 경비병 하나를 뺍니다. 6명이면 인간 좀비 경비병 하나를 더합니다.

인간 좀비 경비병

"으으으으으음"

2레벨 병사 [언데드]
행동 순서: +1
취약: 신성

잡아 끌기 +8 vs. 신방 - 좀비는 대상을 붙잡고 구덩이쪽으로 당기거나 밉니다.

동반 추락: 공격의 일부로서, 좀비는 대상을 붙잡고 구덩이 속으로 떨어지려 합니다. 대상은 난이도 15의 근력이나 민첩성 판정으로 이를 모면할 수 있습니다. 좀비는 성공할 때까지 이 공격을 하거나 붙잡은 대상을 구덩이로 끌고 가려 할 것입니다 (위의 기능 판정을 유발하는 일반 행동). 추락한 뒤에는 썩어가는 주먹으로 공격합니다.

순수 16+: 좀비와 대상은 판정 없이 구덩이에 빠집니다.

썩어가는 주먹 +7 vs. 장갑 - 6 피해

순수 16+: 좀비와 대상이 1d6 피해를 입습니다!

머리에 한 방: 좀비는 대성공에 맞으면 체력이 0이 됩니다.

장갑 15	
신방 13	체력 52
정방 10	

구울

쿵. 쿵. 후다닥. 와작!

3레벨 방해자 [언데드]
행동 순서: +8
취약: 신성

발톱과 이빨 +8 vs. 장갑 - 8 피해

순수 짝수 명중: 대상은 구울의 다음 차례가 끝날 때까지 언데드의 공격에 취약해집니다 (대상에 대한 공격은 대성공 범위가 2만큼 확장됩니다).

마비시키는 이빨: 구울이 취약한 적을 순수 짝수로 명중시키면 대상은 멍해집니다. (극복 가능)

한 근의 살: 구울의 발톱과 이빨 공격은 취약해진 대상에게 +4 피해를 줍니다.

감염: 구울에게 죽었지만 먹히지 않은 생물은 다음 날 밤 구울로 되살아납니다.

장갑 18	
신방 16	체력 36
정방 12	

전리품: 좀비들은 값 나가는 물건이 없습니다. 구울은 한쪽 구석에 뼛조각을 모아놓았을 뿐이고, 그나마도 골수는 다 빨아 먹었습니다.

그 후: 전투 후에 구덩이에서 나오는 것은 밧줄을 쓰거나 무등을 타면 어렵지 않습니다. 좀비들이 마법적으로 감추어져 있다는 것을 깨달았으면, 도학 마법을 쓸 줄 아는 캐릭터는 난이도 15 판정에 성공해서 환상 벽을 만들 때 사용된 마법 의식의 잔류 에너지를 탐지할 수 있습니다. (방에 들어오기 전에 마법이 걸려 있는지 알아보려고 할 경우에도 난이도 15 판정을 합니다. 단, 20 이상으로 성공하지 않은 한 환상이 존재하는 것만 알 뿐, 좀비들까지 보이지는 않습니다.)

표상 혜택의 이용

이 구울과의 싸움, 그리고 곧 일어날 가라도스 및 살덩이 골렘과의 싸움, 그리고 약간 덜하지만 아를리사와의 싸움은 운이 없으면 PC들에게 치명적인 결과가 일어날 수도 있습니다. PC들이 표상 혜택을 사용하여 흐름을 자기 쪽으로 돌리기에 좋은 순간입니다.

예를 들어 이 전투에서 PC 하나가 구덩이에 빠졌고 구울에게 쓰러졌다면 그 PC는 살아남기 어려울 것입니다. 이때 대사제나 시체왕과 관계가 있는 PC가 있다면 (이야기만 잘 만든다면 다른 표상이라도) 그 상황을 넘어설 수 있는 방법을 제시할 수 있을 것입니다. 대가가 따를 수도 있지만, 그것도 상황을 재미있게 만들어 줄 것입니다.

가라도스의 연구실 진입

구울 구덩이 방을 지나 터널을 30m 정도 지나면 쇠테가 둘러진 큰 나무 문이 길을 막습니다. 문에는 탐구회의 상징인 외눈 해골이 새겨져 있습니다. 이것이 가라도스의 연구실이자 서재로 통하는 문이지만, 들어가려면 문 좌우의 움푹한 공간에서 튀어나오는 좀비 경비병 둘과 싸워야 합니다. 탐구회의 상징이 몸에 새겨지지 않은 자가 오면 좀비들이 나타나 공격합니다. 좀비들과의 싸움은 그렇게 어렵지 않습니다. 이들의 역할은 가라도스에게 준비할 시간을 주는 것이기 때문입니다. 가라도스는 좀비가 움직이면 경보가 울리도록 마법을 걸어 두었습니다. 좀비가 움직이면 까마귀형 마법 정령이 갑자기 나타나 문 아래의 틈새를 통해 방 안으로 들어갑니다. 좀비 경비병을 쓰러뜨리는 데 한 라운드가 넘게 걸릴 수도 있지만, 그래도 PC들이 연구실에 들어가면 고조 주사위는 0으로 돌아옵니다. 좀비들에게는 값 나가는 물건이 없습니다.

제13시대 - 엘돌란의 그림자들

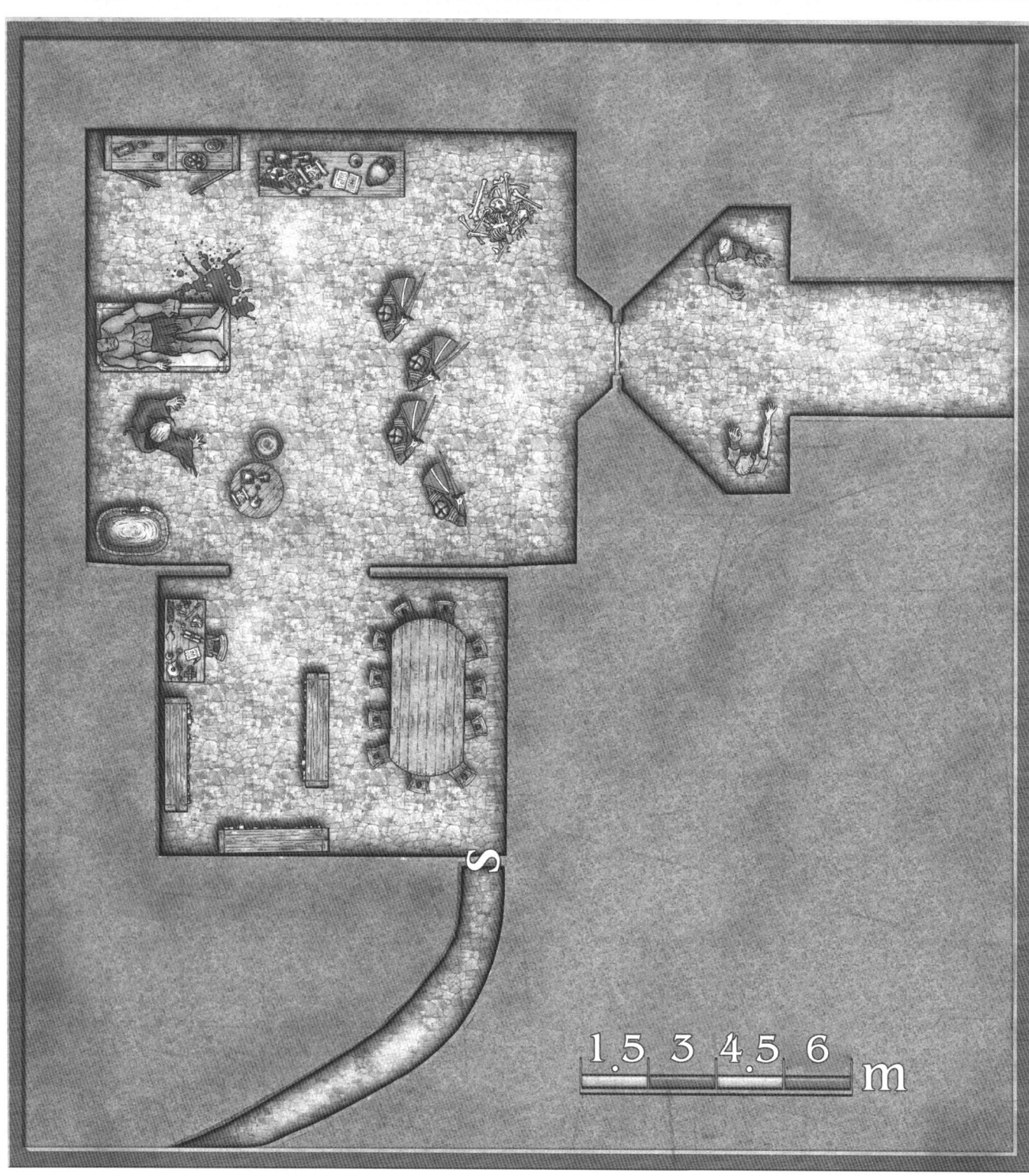

62

좀비 경비병

"므어어어..."

0레벨 병사 [언데드]
행동 순서: +0
취약: 신성

썩은 주먹 후려치기 +5 vs. 장갑 - 4 피해
  순수 16+: 대상은 멍해지고 좀비는 1d4 피해를 입습니다.

머리에 한 방: 좀비는 대성공에 맞으면 체력이 0이 됩니다.

장갑 14	
신방 12	체력 16
정방 9	

가라도스와의 대결

문 저편에는 둘로 나뉜 방이 있습니다. 이곳이 가라도스의 연구실 겸 서재, 그리고 탐구회의 집회소입니다. 가라도스는 연구실에서 PC들을 기다리고 있을 것입니다. 그 옆의 테이블에는 살덩이 골렘이 누워 있습니다. 그러나 가라도스가 살덩이 골렘을 채 완성하기 전에 PC들이 도착했기 때문에, 힘이 완전하지 못합니다. 가라도스는 호신을 위해 해골 병사들을 몇 준비해 놓기도 했습니다. 다음 묘사는 PC들이 전에 가라도스를 가게에서 만난 적이 있다는 것을 전제로 하고 있습니다. 연구실과 서재의 모양은 지도를 참고하십시오.

플레이어들에게 읽어 줍니다: 문이 열리고, 큰 사각형의 방이 나옵니다. 점등사 길드의 마법 등잔들이 있어 안은 밝습니다. 방의 왼쪽에 있는 넓은 아치 너머로 작은 방이 보입니다. 그쪽에는 큰 타원형 테이블과 의자들, 책장이 있습니다. 두 방의 작은 탁자들 위에는 실험 기구, 색색깔 액체가 담겨 있는 각종 유리병들, 그 밖의 마법 실험 도구들이 있습니다. 큰 방의 뒤쪽에는 로브를 입은 키 큰 남자가 지팡이를 들고 서 있습니다. 가라도스입니다! 그 옆에는 거대한 인간형의 무언가가 누워 있는 큰 돌 탁자가 있습니다.

가라도스가 이쪽으로 얼굴을 찌푸리고 말합니다. "훼방질은 그만하면 됐다. 이제 싫어도 무슨 일인지 볼 수밖에 없을 것이다. 일어나라, 나의 창조물아. 그리고 이 멍청이들을 제거해라. 네 주인의 명령이다!" 여러 사람의 살을 붙여 만든 괴물이 테이블에서 몸을 일으킵니다. 이 방의 그 누구보다도 큽니다. 팔 하나는 아직 완전히 만들어지지 않아 쪼그라든 모습을 하고 있습니다. 하나밖에 없는 눈으로 이쪽을 쳐다보고, 근육이 잔뜩 붙은 반대쪽 팔의 거대한 주먹을 치켜듭니다.

전술: 해골 병사 넷이 방에 가로로 늘어서, 가라도스/코스에게 다가가려는 자가 있으면 가로막습니다 (한 PC에게는 하나만 붙습니다). 자기들의 첫 차례가 되면 PC들과 접전에 들어가지만 수호 기동을 사용하여 가라도스를 지킵니다. 미완성 살덩이 골렘은 가장 가까운 PC에게 쿵쿵 걸어가 공격합니다. 지성이 별로 없기 때문에, 가라도스/코스가 공격하라고 한 적을 공격하거나, 자기에게 최근에 근접 공격을 한 적을 공격합니다. 어느 쪽도 해당되지 않으면 가장 가까운 적을 공격합니다. 라레데스의 도움을 받지 않고 여기에 왔다면, 가라도스는 좀비 경비병 둘을 더 준비해 두었을 것입니다. 문 밖에 있던 것과 같은 좀비 경비병이 연구실 입구의 좌우를 지킵니다.

가라도스는 한 가지 술수가 더 있습니다. 강력한 마법사이기는 하지만 (수치는 책 끝에), 전투에서는 과하게 조심스럽습니다. 자기 차례가 되면 패밀리어의 복사 능력을 사용합니다. 그와 동시에 일반 행동으로 투명하게 되면서, 로브 속에 숨어 있던 호문쿨루스 패밀리어 코스가 자기 몸을 환상으로 감싸 가라도스의 모습을 띱니다. 이런 마법적 속임수를 알아보는 방법이 있지 않은 한, 이 바꿔치기는 PC들이 눈치채지 못합니다.

그러면 가라도스는 안쪽 방 (서재)으로 들어가, 큰 방에서 보이지 않는 각도에 있는 비밀문으로 들어갑니다. 가라도스는 코스의 눈을 통해 보고, 입을 통해 말할 수 있습니다. 부두 구역으로 이어진 비밀 통로로 탈출하면서도, 가라도스는 전투를 관전하고 적들에 대해 알아내려 할 것입니다. 코스의 진짜 형태는 작은 해골 원숭이 같은 호문쿨루스입니다. 시체왕이 보내 준 선물입니다. 가라도스는 약간의 마력을 코스에게 보내 주어 주문을 쓸 수도 있습니다. 가라도스 모습을 한 코스는 두 번째 라운드부터 PC들을 공격하기 시작합니다. 체력이 12 이하가 되면 코스는 환상을 풀고 방의 정문으로 도망치려 할 것입니다.

이것은 2배 위력 전투입니다. 하지만 PC들이 점진적 성장을 몇 번 했다면 그렇게 어렵지는 않을 것입니다. 더 어려운 싸움으로 만들고 싶으면 골렘의 레벨을 하나 높이십시오 (공격에 +1, 각 공격의 피해에 +3, 체력 +20). 전투가 너무 어려울 것 같으면 골렘이 비틀거리게 되었을 때 폭주한다고 해도 좋습니다. 그러면 자기 차례에 공격을 무작위로 하여, 자기편도 공격할 수 있게 됩니다.

아기자기한 재미를 원하면, 테이블에 있는 마법 재료들 중에 폭발하는 것들이 있습니다. PC들이 기본 원거리 공격으로 이 중 뭔가를 던질 경우, 명중하면 1d8의 피해를 줍니다. 유형은 1d4를 굴려 정합니다. 1: 불, 2: 산, 3: 독, 4: 음 에너지. 빗나가면 PC가 1d8의 피해를 입습니다 (비커가 손에서 깨진다거나, 몸에 쏟는다거나). 이런 물건은 1d6개 있지만, 몇 분이 지나면 모두 효력을 잃습니다.

PC가 4명이면 해골 병사를 하나 빼고 골렘의 체력을 20 낮춥니다. PC가 6명이면 해골 병사를 하나 추가하고 골렘의 레벨을 하나 높입니다 (위 참조). 행동 순서 판정을 하십시오!

해골 병사

긁적. 챙. 딸그락.

1레벨 수호자 [언데드]
행동 순서: +6
취약: 신성

장검 +5 vs. 장갑 - 5 피해

수호 기동: 라운드에 한 번, 적이 해골 병사의 뒤쪽으로 이동하려 할 때, 해골 병사는 자유 행동으로 적 하나로부터 이탈하여 이동하는 적을 가로막을 수 있습니다.

무기 저항 16+: 해골들은 무기 공격의 대상이 되었을 때 공격 판정이 16+가 아니면 피해를 절반만 입습니다.

장갑 17	
신방 15	체력 22
정방 11	

가라도스의 모습을 한 코스 (패밀리어)

"헤헤헤."

3레벨 술사 [인공물]
행동 순서: 코스/가라도스는 매 라운드 가장 먼저 행동합니다.

원: 마탄 (적 하나, 공격 판정 없음) - 8 마력 피해

접: 얼어붙는 안개 +8 vs. 신방 (단거리의 적 1d2명) - 6 음 에너지 피해
  순수 16+: 대상은 어지러워집니다 (극복 가능).
  사용 제한: 전투마다 2회.

복사: 전투마다 한 번, 코스의 주인은 투명해지고 코스가 환상을 펼쳐 주인의 모습을 띨 수 있습니다. 코스는 매 라운드 짧은 행동으로 이 환상을 지속할 수 있습니다. 환상은 전투가 끝날 때까지 지속됩니다. 환상을 뚫고 보려면 먼저 환상의 존재를 의심해야 하고, 그 후에 난이도 20의 지능 판정에 성공해야 합니다 (마법에 관련된 출신이 도움이 됩니다).

환상 껍데기: 코스는 가라도스의 환상을 뒤집어쓰고 있지만 사실은 꽤 작습니다. 장갑이나 신방에 대한 공격은 명중해도 25% 확률로 빗나갑니다 (빗나감 피해는 적용). 칼이 몸을 바로 통과하기 때문에, 자기 공격이 이렇게 빗나간 캐릭터는 난이도 20의 통찰 판정으로 환상을 알아챌 수 있습니다.

작고 빠른 호문쿨루스: 코스는 물러나기 판정과 기회 공격에 대한 방어에 +5를 받습니다. 일단 도망치기 시작하면 보통 인간은 따라잡을 수 없는 속도로 껑충껑충 뜁니다 (그 동안은 환상을 유지할 수 없습니다).

장갑 18	
신방 14	체력 40
정방 16	

미완성 살덩이 골렘

"그라라아아!"

대형 3레벨 수호자 [인공물]
행동 순서: +4

육중한 주먹 +8 vs. 장갑 - 16 피해
  순수 짝수 명중: 골렘은 자유 행동으로 썩어가는 작은 주먹 공격을 할 수 있습니다.
  순수 홀수 명중: 대상은 다음 자기 차례가 끝날 때까지 어지러워집니다.
  빗나감: 4 피해.

[특수 발동] 썩어가는 작은 주먹 +6 vs. 장갑 - 5 피해

접: 사령 에너지 토하기 +6 vs. 신방 (단거리의 적 1d2명) - 11 음 에너지 피해. 대상은 골렘의 다음 차례가 끝날 때까지 쇠약해집니다.

미완성작: 골렘은 자기의 근접 공격이 대성공하면 상대의 살을 뜯어서 아직 형성되지 않은 작은 팔에 붙입니다. 그러면 체력 2d6이 회복되고, 썩어가는 작은 주먹의 공격과 피해에 +2가 붙습니다 (누적).

에너지 흡인: 냉기, 마력, 벼락, 불 피해를 주는 주문이 살덩이 골렘의 동료 (단거리 내)를 공격하면, 50% 확률로 살덩이 골렘이 주된 대상이 됩니다. 따라서 집단에 영향을 주는 주문은 살덩이 골렘으로부터 뻗어나갑니다. 또한, 골렘은 음 에너지 피해를 입을 때마다 체력 10이 증가합니다.

살은 약하다: 다른 골렘들과 달리, 살덩이 골렘은 각종 효과에 면역이 아닙니다. 많은 생물들의 육체로 (때로는 전투 중에 급하게 뜯어낸 살로) 만들어졌기 때문에, 살덩이 골렘들은 필멸자들이 가진 공포와 광기를 공유합니다.

장갑 18	
신방 16	체력 80
정방 14	

전리품: 주변을 뒤지면 뒤쪽 목욕통 안에 장기와 근육이 절제된 시신이 두 구 더 있는 것을 볼 수 있습니다. 연구실의 마법 장비 중에는 드물고 비싼 것도 있어서, 판매자를 잘 찾으면 500gp를 받을 수 있습니다. 서가에는 해부학, 언데드와 인공생명체를 만드는 의식 등에 관한 책들이 있습니다. 이런 책들은 대마도사의 조직에서 압수할 만한 물건이지만, 암시장에서는 합해서 200gp 정도에 팔 수 있습니다 (대마도사측에 넘기면 100gp).

가라도스가 골렘을 만들던 작업대에는 마법 물품도 있습니다. **치유 물약 두 병** (모험가급), **모험가급 룬**, **음 에너지 저항의 물약**입니다. 가라도스가 골렘 제작에 사용한 **계몽된 육신의 서**도 한 권 있습니다. 책의 여백에는 죽은 살을 움직이게 하는 데 이 책의 내용이 어떻게 도움이 될지에 관한 주석이 쓰여 있습니다.

안쪽의 서재에는 탐구회가 모일 큰 탁자가 있고, 그 밖에 물, 포도주, 식량과 같은 평범한 물건들도 많이 있습니다. 기본적인 수색을 하면 비밀문도 찾을 수 있습니다.

후기

가라도스는 아마 도망쳤을 것이고, 어쩌면 패밀리어 코스도 뒤따라 빠져나갔을 것입니다. 그러나 이 연구실에는 가라도스가 시체왕의 하수인임을 증명하는 증거들이 충분히 있고, 이 도시 곳곳에 숨어 있는 탐구회가 누구누구인지를 가리키는 문서도 있습니다 (전원이 다 나오지는 않습니다). PC들이 가라도스를 추적하려 하면 이미 도시를 떠났을 것입니다 (아마도 배를 타고). 은방패대나 마법사 회의를 찾아가면 감사를 받을 수 있고, 어쩌면 상도 줄 것입니다 (마법 물품을 하나 더 줄 수도 있고, PC들이 연구실의 장비를 챙기지 않은 경우 500gp를 상금으로 줄 수도 있습니다). 은방패대는 탐구회로 지목된 사람들을 잡아들이고 수사를 종결합니다. 그러나 가라도스는 엘돌란을 떠나 다른 곳에서 시체왕의 명령을 수행할 것입니다.

좀비 습격의 배후를 찾아내는 일을 마쳤으니, 이제 엘돌란에서 다른 일을 찾을 수 있습니다. 은방패대는 아직 부두 구역에서 날뛰는 소악귀 같은 문제를 해결하지 못했고, 신비의 지배자들 학파 학생 몇 명의 목숨을 앗아간 황토 젤리를 처치하려 하고 있을 수도 있습니다. 아니면 PC들을 다른 곳으로 가게 할 수도 있습니다. 이 일을 맡겼던 표상의 대리인이 가라도스를 추적하여 죗값을 치르게 하라고 할 수도 있습니다. 아마 그 뒤를 쫓다가 다른 일도 생기겠지만 결국은 (아마도 3레벨 정도가 되었을 때) 새로운 조직을 꾸리려 하는 가라도스를 잡아서 대가를 치르게 할 수 있을 것입니다.

엘돌란에 시체왕의 새로운 부하들이 나타나게 해도 좋습니다. 외눈왕은 가라도스가 광장에서 벌인 참극이 영 틀렸다고 여깁니다 (호박 머리라니!). 어쩌면 정말로 무서운 사람, 어쩌면 지성이 있는 언데드 괴물이 나와 이 도시에 진정한 공포가 무엇인지 보여 줄지도 모릅니다.

PC들이 이제 무엇을 하려 하건, 전보다 더 강해졌을 것입니다. 아직 2레벨이 안 되었다면 지금 2레벨로 만드십시오!

NPC 수치

다음은 PC들이 시나리오에서 마주칠 수 있는, 가라도스를 비롯한 NPC들의 수치입니다.

가라도스

PC들이 뭔가를 하지 않는 한, 가라도스와 PC들이 직접 싸울 가능성은 낮습니다. 그리고 가라도스는 어지간하면 도망치려 할 것입니다. 그러나 구석에 몰아 넣더라도, 혼자 있지 않은 한 PC들보다 아마 강할 것입니다.

가라도스, 잊혀진 지식의 탐구회 리더

"네 몸은 곳곳에 쓸모가 있겠구나."

5레벨 술사 [인간형]
행동 순서: +9

어둠이 깃든 단검 +9 vs. 장갑 - 10 피해 및 3 음에너지 피해

원: 마탄 (적 2명까지. 공격 판정 없음) - 8 마력 피해

원: 흡수의 마력 화살 +10 vs. 신방 (단거리의 같은 집단에 있는 적 둘까지) - 10 마력 및 음에너지 피해. 대상은 이 전투에서 하는 다음 공격 판정에 -2 페널티를 받습니다.
  순수 18+: 대상은 다음 자기 차례가 끝날 때까지 약화되고 가라도스는 체력 2d8을 회복합니다.

접: 무덤의 안개 +10 vs. 신방 (단거리의 적 모두) - 8 음 에너지 피해
  순수 짝수 명중: 대상은 쇠약해집니다 (극복 가능).
  사용 제한: 전투마다 한 번.

마법사의 탈출: 전투마다 2회, 가라도스는 이동행동으로 시야 내에 있는 단거리의 장소로 순간이동할 수 있습니다.

시체왕의 충신: 가라도스의 체력이 처음으로 0으로 떨어졌을 때, 단거리의 모든 적이 5 음 에너지 피해를 입고 가라도스는 그만큼의 체력을 회복합니다. (치유량은 체력 0에 더하십시오. 이것은 가라도스가 죽기 전에 일어나는 자유 행동입니다.)

장갑 20
신방 15   체력 65
정방 21

은방패대

PC들이 불법적인 일을 해서 잡혔거나, 탐구회가 PC들에게 누명을 씌웠거나, 그 밖에 이야기에서 필요할 경우 아래 수치를 사용하면 됩니다.

은방패대 경비관

"이게 웬 소란이야? 무기에서 손 떼!"

3레벨 리더 [인간형]
행동 순서: +6

소검 +8 vs. 장갑 - 8 피해
  순수 짝수 명중: 경비관은 자유 행동으로 방패 후려치기 공격을 할 수 있습니다.

[특수 발동] 방패 후려치기 +7 vs. 장갑 (접전중인 적 하나) - 4 피해. 대상은 어지러워집니다. (극복 가능. 쉬움 6+).

부대 전술: 은방패대 경비관의 차례가 되었을 때마다 보통 극복 판정을 합니다. 성공하면 그 차례 언제든지, 단거리에 있는 동료 1d2명이 경비관이 외치는 명령에 따라 자유 행동으로 이동하거나 기본 근접 공격을 할 수 있습니다.

장갑 20
신방 17   체력 45
정방 14

은방패대 경비병

"여긴 무슨 일이시오?"

2레벨 조무래기 [인간형]
행동 순서: +5

창 +7 vs. 장갑 - 5 피해

원: 소형 쇠뇌 - 4 피해

다 덤벼라: 다른 경비병 동료들이 대상과 접전중일 때, 경비병의 근접 공격은 순수 18+가 나오면 대상을 어지럽게 만듭니다.

마법사 전문: 경비병은 주문 공격이나 효과에 대한 모든 방어에 +2 보너스를 받습니다.

장갑 18
신방 15   체력 8 (조무래기)
정방 11

조무래기: 무리에 8 피해가 가해질 때마다 은방패대 경비병 하나가 죽습니다.

마법 학파들

학교의 마법사들은 모두 다음 능력이 있습니다. 하루에 세 번, 일반 행동으로 사용할 수 있습니다. 학생들은 다른 학파의 학생들에게도, 일반 대중에게도 이런 장난을 칩니다.

NPC 수치

더러운 소마법 술수: 마법사가 사소한 마법 효과를 일으킵니다. 직접 피해를 주지는 않지만 문제를 일으킬 수는 있습니다. 예를 들어 악취가 나게 만들거나, 근처 사람에게서 방귀 소리가 나게 하거나, 쌓아 놓은 사과를 무너뜨리거나, 오물이 담긴 통이 남의 발에 쏟아지게 하거나, 사람이나 옷의 색을 이상하게 바꾸거나 하는 것입니다.

신비의 지배자들 학생

"너 정도의 지능으로 내가 얼마나 강한지 알 수나 있을까?"

1레벨 조무래기 [인간형]
행동 순서: +4

짧은 단검 +5 vs. 장갑 - 3 피해

원: 감전 +6 vs. 신방 - 4 벼락 피해
 순수 16+: 학생은 자유 행동으로 다른 대상에게 감전 공격을 또 할 수 있습니다 (세 번은 안 됩니다).

이글거리는 불꽃: 전투마다 한 번, 신비의 지배자들 학생은 주변에 불을 뿜어내어 모든 적으로부터 이탈할 수 있습니다. 이 불꽃은 거의 피해를 주지 않지만, 마법적이지 않은 인화성 물체라면 불이 붙을 수도 있습니다.

장갑 16
신방 12　　　　　체력 6 (조무래기)
정방 15

조무래기: 무리에 6 피해가 가해질 때마다 신비의 지배자들 학생 하나가 죽습니다.

신비의 지배자들 교수

"신비의 지배자들에게 맞선 대가를 치러라!"

2레벨 술사 [인간형]
행동 순서: +5

쇠나무 지팡이 +6 vs. 장갑 - 5 피해

원: 산 분출 +7 vs. 신방 (같은 집단 내의 적 둘까지) - 5 피해
 순수 16+: 대상은 5 지속 산 피해를 입습니다 (극복 가능).

접: 강력한 밀치기 +6 vs. 신방 (교수와 접전중인 적 모두) - 3 마력 피해. 대상은 교수로부터 이탈합니다.
 짧은 행동: 고조 주사위가 짝수일 때, 이 능력은 일반 행동이 아니라 짧은 행동으로 쓸 수 있습니다 (한 라운드에 한 번).

강화된 에너지 오라: 교수는 일반 행동으로 에너지 오라를 강화하는 주문을 읊으며, 정확한 자세와 발음에 관해 이야기합니다. 단거리에 있는 신비의 지배자들 동료 모두가 각각 다음 자기 차례가 끝날 때까지 주문의 피해에 +2를 받습니다.

장갑 18
신방 12　　　　　체력 34
정방 16

미스릴 학생

"우리는 미스릴이다."

1레벨 조무래기 [인간형]
행동 순서: +4

묵직한 신축형 마법봉 +6 vs. 장갑 - 4 피해

원: 냉기의 화살 +6 vs. 신방 - 4 냉기 피해

접: 원소 분출 +5 vs. 신방 (단거리의 적 1d3명) - 2 피해. 에너지 유형은 냉기, 독, 불, 산 중에서 마스터가 선택.
 순수 16+: 학생이 마법 재료나 약한 마법 물품을 이용하여 (반지, 옷핀, 매끄러운 돌, 숯 조각, 쇠막대기 등) 주문에 에너지를 더 불어넣습니다. 대상은 같은 유형의 피해를 3 더 입습니다.

장갑 16
신방 13　　　　　체력 6 (조무래기)
정방 14

조무래기: 무리에 6 피해가 가해질 때마다 미스릴 학생 하나가 죽습니다.

미스릴 교수

"나는 자연의 원소 그 자체를 복종시킬 줄 안다. 너는 도망가는 게 낫지 않겠는가."

2레벨 술사 [인간형]
행동 순서: +5

마법 공구 +6 vs. 장갑 - 6 피해

원: 연기를 끄는 불덩어리 +7 vs. 신방 - 7 불 피해
 순수 16+: 교수는 자유 행동으로 다른 대상에게 연기를 끄는 불덩어리 공격을 또 할 수 있습니다 (세 번은 안 됩니다).

접: 미스릴의 강철 구슬 +7 vs. 신방 (단거리의 같은 집단에 있는 적 1d2명) - 3 마력 피해
 순수 짝수: 대상은 극복 판정을 합니다. 실패하면 공중에 날려가서 다음 이동 행동을 잃습니다.

장갑 17
신방 13　　　　　체력 36
정방 15

숨겨진 장막의 도학자들 학생

"너는 진정한 힘이 뭔지 모른다."

1레벨 조무래기 [인간형]
행동 순서: +4

칼날이 달린 장갑 +5 vs. 장갑 - 3 피해

원: 보이지 않는 벌레들 +6 vs. 정방 - 3 피해 및 1 지속 피해

접: 혼란스러운 그림자 +5 vs. 신방 (학생과 접전중인 적 모두) - 대상은 앞이 잘 보이지 않아 다음 자기 차례가 끝날 때까지 학생을 공격할 때 -2 페널티를 받습니다.

순수 16+: 대상은 학생의 다음 차례가 끝날 때까지 모든 방어에 -2를 받습니다.

장갑 16
신방 10   체력 7 (조무래기)
정방 16

조무래기: 무리에 7 피해가 가해질 때마다 숨겨진 장막의 도학자들 학생 하나가 죽습니다.

숨겨진 장막의 도학자들 교수

"당신은 틀렸소. 오직 우리만이 진짜 현실을 보고 있지."

2레벨 술사 [인간형]
행동 순서: +5

숨겨진 블랙잭 +6 vs. 장갑 - 5 피해

원: 마력의 화살 (공격 판정 없음) - 3 피해

원: 그림자 환영 괴물 +7 vs. 정방 - 5 정신 피해 및 2 지속 정신 피해

순수 홀수 명중: 대상은 지속 피해를 극복할 때까지 공격 판정에 -2를 받습니다.

그림자 복제들: 전투마다 두 번, 대성공이 아닌 공격에 맞은 교수는 쉬운 극복 판정 (6+)을 할 수 있습니다. 성공하면 그 공격은 그림자 복제에 맞아 빗나갑니다.

장갑 17
신방 14   체력 36
정방 14

엘돌란의 다른 문제들

다음 수치는 PC들이 엘돌란에서 벌어지고 있는 다른 문제들에 PC들이 개입할 경우 사용하십시오. 황토 젤리와 쥐들, 부두 구역의 소악귀와 선원들, 투장과 황금거룡의 부하들 등이 이 책에 언급되어 있습니다. 다음 괴물들 중에는 **코어북**에서 바로 가져온 것들도 있습니다.

황토 젤리

"방금 저 웅덩이 움직이는 거 너도 봤어?"

대형 3레벨 강적 [점액]
행동 순서: +2

접: 산에 젖은 위족 +8 vs. 신방 (단거리의 서로 다른 적들에게 최대 1d4회까지) - 6 산 피해

순수 짝수 명중 또는 빗나감: 3 지속 산 피해.

분열: 황토 젤리는 처음으로 1회의 공격에 20 이상의 피해를 입었을 때 보통 크기의 젤리 둘로 나뉩니다. 각각의 체력은 분열 당시 본체의 체력을 둘로 나눈 것보다 2d6 많습니다. 새 황토 젤리들은 피해를 입지 않은 것으로 칩니다. 한 번 나뉜 젤리는 분열하지 않습니다. (살아남으면 도로 합쳐질 수도, 아닐 수도 있습니다.)

장갑 18
신방 17   체력 90
정방 16

괴수 쥐

큰 놈들은 비명을 지르기도 전에 목을 물어뜯을 수 있습니다.

1레벨 조무래기 [짐승]
행동 순서: +2

더러운 이빨 +5 vs. 장갑 - 4 지속 피해

흉포: 괴수 쥐의 공격은 빗나갔을 때 자기 레벨만큼의 피해를 줍니다. 비틀거릴 때는 빗나가는 공격이 자기 레벨의 2배만큼의 피해를 줍니다.

떼거리 공격: 공격 대상과 접전중인 다른 괴수 쥐 하나마다, 공격에 +1 보너스를 받습니다.

장갑 15
신방 15   체력 6 (조무래기)
정방 10

조무래기: 무리에 6 피해가 가해질 때마다 괴수 쥐 하나가 죽습니다.

NPC 수치

쥐 떼
작고 날카로운 발톱 수백 개가 길바닥에 부딪치며 다가오는 소리가 들립니다.

2레벨 방해자 [짐승]
행동 순서: +4

접: 덮쳐오는 이빨들 +7 vs. 신방 (단거리의 적 1d3명) - 3 피해. 공격 후 쥐 떼가 대상 중 하나와 접전에 들어갑니다.
  순수 짝수 명중: 대상은 다음 자기 차례가 끝날 때까지 저해됩니다. 대상이 쥐 떼를 공격하거나 쥐 떼가 체력 0으로 떨어지면 저해 효과도 끝납니다.

기회 없음: 쥐 떼는 기회 공격을 하지 못하고, 적들도 쥐 떼에게 기회 공격을 하지 못합니다.

집단 저항: 자기 차례가 왔을 때, 쥐 떼는 지난 번에 자기들이 공격하지 않은 적이 주는 피해에 대해 저항 18+를 얻습니다.

장갑 18
신방 16   체력 39
정방 12

소악귀 코조르틀
적당한 귀에 몇 마디만 속삭이면 탐욕과 욕정을 더 심한 뭔가로 바꿀 수 있습니다.

3레벨 방해자 [악귀]
행동 순서: +8

썩은 손톱 +7 vs. 장갑 - 3 피해 및 5 지속 피해

원: 부패 분출 +7 vs. 신방 - 7 피해. 대상은 어지러워집니다 (극복 가능).

매 차례의 첫 순수 16+: 대상이 어지러워지지 않고 쇠약해지게 하거나, 또는 자유 행동으로 다른 대상에게 부패 분출 공격을 할 수 있습니다.

저주의 오라: 소악귀를 공격했을 때 순수 1~5가 나오면, 공격자는 1d10의 정신 피해를 입습니다.

비행: 소악귀는 날아다니기 때문에 잡기가 어렵습니다. 그리 빠르지도 능숙하지도 않지만, 인간이나 엘프보다야 잘 날아다닙니다.

장갑 20
신방 13   체력 40
정방 16

소악귀에게 조종당하는 선원들
"선장님이 너희들만 처치하면 우리도 부자가 될거라더라."

1레벨 병사 [인간형]
행동 순서: +3

커틀러스 또는 몽둥이 +6 vs. 장갑 - 5 피해

원: 갈퀴 그물 +5 vs. 신방 - 2 피해. 대상은 고정됩니다 (극복 가능).
  사용 제한: 선원 두 명당 전투마다 한 번.

지형 친숙: 자기 배나 그 근처 부두, 주점처럼 친숙한 지형에서 싸우는 선원은 공격, 장갑, 신방에 +1 보너스를 받습니다.

장갑 16
신방 14   체력 25
정방 12

블랙잭, 소악귀에게 조종당하는 선장
"육지놈이 뭘 쳐다 봐?"

2배 위력 2레벨 강적 [인간형]
행동 순서: +5

커틀러스와 단검 +7 vs. 장갑 (2회 공격) - 8 피해
  순수 홀수 명중: 대상은 블랙잭의 치사한 속임수에 당해, 다음 자기 차례가 끝날 때까지 어지러워집니다 (공격에 -4)
  빗나감: 2 피해.

원: 투척용 단도 +6 vs. 장갑 - 9 피해

탐욕과 욕정에 도취: 블랙잭은 소악귀의 말을 믿은 나머지 자기가 무적인 것처럼 생각하고 행동합니다. 자기 차례가 시작되면 블랙잭은 고조 주사위의 2배에 해당하는 임시 체력을 얻습니다. 이 생각을 깨뜨리면 (난이도 20 판정), 이 효과는 사라지고 정방도 2 줄어듭니다.

장갑 18
신방 15   체력 65
정방 14

황금거룡의 기사

"악귀들은 처치해야지, 그걸 조종하려 들면 어쩌자는 건가!"

2레벨 병사 [인간형]
행동 순서: +4

장검 +7 vs. 장갑 - 6 피해
　순수 짝수 명중: 기사는 자유 행동으로 방패 후려치기 공격을 할 수 있습니다.

[특수 발동] 방패 후려치기 +6 vs. 장갑 - 3 피해. 대상은 쉬운 극복 판정을 합니다 (6+). 실패하면 다음 자기 차례가 끝날 때까지 어지러워집니다.

황금거룡의 추종자: 황금거룡과 긍정적/양가적 관계인 캐릭터는 기사와 대화할 때의 판정에 +4를 받습니다. 황금거룡과 부정적 관계인 캐릭터는 기사와 대화할 때의 판정에 -4를 받습니다.

장갑 19	
신방 16	체력 35
정방 12	

투장의 타격대원

"우리가 아니었으면 너희는 심연에 틀어박혀 있어야 할 걸."

1레벨 병사 [인간형]
행동 순서: +3

검, 철퇴, 또는 창 +7 vs. 장갑 - 6 피해
　빗나감: 2 피해.

원: 투창 +6 vs. 장갑 - 5 피해
　사용 제한: 전투마다 3회.

투장의 추종자: 투장과 긍정적/양가적 관계인 캐릭터는 타격대원과 대화할 때의 판정에 +4를 받습니다. 투장과 부정적 관계인 캐릭터는 타격대원과 대화할 때의 판정에 -4를 받습니다.

장갑 15	
신방 13	체력 24
정방 13	

부두 구역의 수상한 손님들

해서는 안 될 싸움을 걸면 수상한 손님들과 싸워야 하게 될 수도 있습니다 (PC당 한 명씩). 보통은 꼼지락대는 언어 주점에서 일어날 테니, 긴 바가 있고 테이블과 부스가 많은 어두운 술집을 무대로 삼으십시오. 그 밖에도 발코니로 올라가는 계단, 샹들리에 등, 장소에 어울리는 것은 무엇을 두어도 좋습니다.

　수상한 손님들은 도적풍이기 때문에 근접 공격 발동 효과에 몇 가지 옵션이 있습니다. 이 집단을 물리치면 그림자 대공쪽 사람들의 주의를 끌게 될 것입니다.

수상한 손님

"질문이 많은 사람은 싫어."

3레벨 방해자 [인간형]
행동 순서: +7

감춰 놓은 단도 +8 vs. 장갑 - 8 피해
　순수 짝수 명중: 수상한 손님이 다음 중 하나를 고릅니다: 1) 대상이 5 피해를 더 입습니다. 2) 수상한 손님이 대상으로부터 이탈합니다. 3) 대상이 다음 자기 차례가 끝날 때까지 수상한 손님을 공격할 때 -2를 받습니다.

원: 손쇠뇌/투척용 단도 +7 vs. 장갑 - 8 피해. 수상한 손님은 접전중인 적 하나로부터 이탈합니다.

어둠의 자식들: 행동 순서 판정을 하기 전에 이 전투에 참가하는 수상한 손님 하나마다 d6을 굴립니다. 6이 하나라도 나오면, 수상한 손님 하나가 다음의 상시 주술사 능력을 갖습니다.

원: 혼돈파 +7 vs. 신방 (단거리/원거리의 적 하나) - 12 피해
　순수 16+: 대상은 어지러워지거나 취약해집니다 (마스터가 선택. 극복 가능).

장갑 19	
신방 17	체력 45
정방 13	

점등사들

PC들이 등잔공방에 무력으로 쳐들어갔거나 해서 탐구회가 아닌 점등사가 필요하면 하이엘프 여자 마법사 켈로리스를 쓰십시오.

켈로리스, 점등사 길드 수석 마법사

"당신은 누구요? 여기서 뭐 하는 거지?"

3레벨 술사 [인간형]
행동 순서: +6

점등용 지팡이 +7 vs. 장갑 - 9 피해

원: 불의 화살 +8 vs. 신방 (단거리의 적 최대 2명) - 6 불 피해
　순수 짝수 명중: 대상은 3 지속 불 피해를 함께 입습니다.
　빗나감: 3 지속 불 피해.

접: 기어들어오는 그림자 +8 vs. 정방 (켈로리스와 접전중인 적 모두) - 켈로리스가 그림자에 휩싸입니다. 대상은 다음 자기 차례가 끝날 때까지 켈로리스를 볼 수 없게 됩니다.

빛의 속임수: 켈로리스는 비틀거리게 되면 자유 행동으로 자기의 복제를 둘 만들어 낼 수 있습니다. 복제들은 전투가 끝날 때까지 켈로리스의 곁에 있습니다. 공격이 명중하면 공격자는 보통 극복 판정을 합니다. 실패하면 복제가 맞고 사라집니다. 복제가 둘 다 사라지면 이 효과도 끝납니다.

장갑 18	
신방 13	체력 41
정방 18	

주요 NPC/위치

일반 NPC
가라도스 케스미르: 점등사 길드의 수장. 탐구회의 리더.
교활한 자를린: 노움 마법사 겸 환술사. 숨겨진 장막의 도학자들의 석좌 교수.
맵스: 하플링 도둑. PC들을 미행하고 있을 수 있음.
사무엘: 탐구회의 인간 마법사. 자객.
샤리사 다크볼트: 하이엘프 마법사. 신비의 지배자들 석좌교수
아를리사 덴트: 인간 점등사. 등잔공방의 관리자. 탐구회 회원.
코니가르 울손: 늙은 인간 마법사. 미스릴 학파의 석좌 교수.
코르넬리우스: 등잔공방의 노움 점등사.
파렐레스 경비관: 좀비 습격 후 도착한 은방패대의 경비병.
현인 라레데스: 인간 마법사 겸 학자. 가라도스와 함께 유물 사냥터를 운영.

단서 1 NPC/평민 구역
검은 이빨 토르사, 일명 꿈팔이: 마약상.
뚜껑따개: 쥐잡이패 갱의 청소년 두목. 말을 잘 함.
부랑아 칼리아: 하프엘프 여자 부랑아. 탐문 대상.
세 손가락 라일리: 하플링 남자 장물아비. 탐문 대상.
엘사 화이트로즈: 잃어버린 희망 구제소 운영자.
자르실 랄스: 꿈팔이의 극장 매표소에서 일하는 하플링
재거 던: 주정뱅이 드워프 노동자. 탐문 대상.
지그문트와 파울로스: 꿈팔이 밑에서 일하는 탐구회 회원.
코락 스톤슨: 실종되었다가 좀비가 된 드워프 주정뱅이.
톨부스 리스: 실종되었다가 좀비가 된 인간 노숙자.

단서 2 NPC/부두 구역
미칼 오를레비: 인간 건달 겸 음유시인. 기운찬 돌고래 주점에 있음.
반짝눈 탈리나: 하프엘프 여자. 서쪽 바람 주점에 있음.
비도 말리스: 마른 근육질의 하플링 여자. 야성의 파도 여관 술방에 있음.
아에르토: 부두 구역의 하프엘프 (드라우계) 해결사. 탐구회 회원. 꼼지락대는 인어 주점에 있음.
오크잡이 트라반: 무뚝뚝한 드워프 남자. 드워프들의 집 맥주점에 있음.
제스킬: 인간 악귀술사 사교도.
지그스: 지저분하고 우중충한 노움 노인. 뱃사람의 쉼터 주점에 있음.

단서 3 NPC/평민 구역/사원 구역
날씬한 롤로: 호객 광장의 남자 하플링 상인.
랜든 스미슨: 망자의 금고 하급 사제. 탐구회 회원.
오데사 릴란테스: 인간 여자. 망자의 금고 수석 사제.
콜른: 롤로의 친구. 죽어서 좀비가 되었음.
토마스 형제: 망자의 금고 하급 사제. 납골당 안내역.

단서 4 NPC/안장 구역
그레이슨, 본명 아브로스 풀러: 옛 양조장의 탐구회 회원. 수레를 산 사람.
럼니 투실버스: 드워프 장인. 좀비 습격의 목격자.
잘렌: 그레이슨의 조수. "호박 머리"를 생각해 낸 사람.
파자리우스 레인: 하프엘프 상인/마굿간 주인. 그레이슨에게 수레를 팔았음.

이 모험에서 얻을 수 있는 마법 물품들

표상들의 도움
엘돌란의 수호성인 **할라티르의 거룩한 눈물 2병**. 이 성수를 쓰는 방법은 두 가지가 있습니다. 무기에 바르는 방법과 그 자체를 무기로 쓰는 방법입니다. (대사제, 황금거룡, 투장, 악귀술사)
- 일반 행동을 써서 무기에 바르면 그 무기가 신성 피해를 주게 됩니다. 효과는 전투가 끝날 때까지 지속됩니다.
- 일반 행동을 써서 할라티르의 거룩한 눈물을 뿌리는 공격: 원: 민첩성 또는 통찰 + 레벨 vs 신방 (단거리의 언데드나 악귀 적) - 레벨당 1d6 신성 피해.

치유 물약 2병, 모험가급: 체력 +1d8 (최대 회복량은 30).
음 에너지 저항의 물약, 모험가급: 일반 행동으로 마시면 음 에너지 저항 16+를 얻습니다.
룬, 모험가급: 장갑이나 공격/피해에 +1. 그리고 무작위 효과.
강철 의지의 갑옷, 모험가급: 항상: 장갑 +1. 그리고 기본 장갑 보너스가 정방에도 붙습니다. 기벽: 추상적인 사색에 자주 빠집니다.
호신의 [무기], 모험가급 (근접 무기): 항상: 이 무기로 하는 근접 공격/피해에 +1. 재충전 6+: 이 무기로 기본 근접 공격을 하면 다음 자기 차례가 끝날 때까지 모든 방어에 +4를 받습니다. 기벽: 무고하거나 무력한 사람을 보살피려 합니다.
보이지 않는 방패의 마법봉, 모험가급: 항상: 도학 주문의 공격과 피해에 +1. 재충전 16+: 이 마법봉을 사용하면 마법사의 보호막 주문을 자기 레벨 이하 수준으로 쓸 수 있습니다. 기벽: 음악도 아닌 콧노래를 흥얼거립니다.

단서 1/꿈팔이의 극장
곰 발톱 목걸이: 재충전 11+: 비틀거리는 상태에서 근접 공격에 맞으면 임시 체력을 10 얻습니다. 기벽: 상대가 자기보다 강해도 잘난 척을 합니다.

단서 2/사교도들의 소환 동굴
룬, 모험가급: 장갑이나 공격/피해에 +1. 그리고 무작위 효과.
파괴의 성물 (모험가급): 항상: 신성 주문이나 공격의 공격 판정과 피해 판정에 +1. 재충전 11+: 신성 피해를 주는 공격을 명중시키면 그 공격이 1d10 신성 피해를 더 줍니다. 기벽: 세계가 곧 불에 휩싸여 끝날 것이라고 믿습니다.

단서 3/오데사의 도움
치유 물약 2병, 모험가급: 체력 +1d8 (최대 회복량은 30).
할라티르의 거룩한 눈물 한 병: 위 참조
음 에너지 저항의 부적: 짧은 행동으로 발동시키면 그 전투 내내, 또는 5분간 음 에너지 저항 16+를 얻습니다. 1회용.

아를리사 덴트
불 저항의 물약: 일반 행동으로 마시면 불 저항 16+를 얻습니다.
정신 부패의 장갑: 재충전 6+: 도학 주문 공격이 하나 이상의 적에게 명중했을 때, 공격의 대상 중 하나에게 +1d10의 정신 피해를 추가로 줍니다. 기벽: 다른 사람들의 눈에는 사용자의 피부가 변질된 것처럼 보입니다. 그것은 전부 상상의 소산이라고 설명해 주십시오.

가라도스의 연구실
치유 물약 2병, 모험가급: 체력 +1d8 (최대 회복량은 30).
룬, 모험가급: 장갑이나 공격/피해에 +1. 그리고 무작위 효과.
음 에너지 저항의 물약, 모험가급: 일반 행동으로 마시면 음 에너지 저항 16+를 얻습니다.
계몽된 육신의 서: 근력, 건강, 민첩성에 관련된 모든 기능 판정에 +1 보너스를 받습니다. 기벽: 자기의 신체 능력에 관해 더욱 만족합니다.